新 視 野
中華經典文庫

新 視 野
中華經典文庫

管子

第二版

名譽主編 饒宗頤

導讀 趙善軒

譯注 趙善軒 李安竹

中華書局

新視野中華經典文庫

管子

□
導讀
趙善軒

□
譯注
趙善軒　李安竹

□
出版
中華書局（香港）有限公司
香港北角英皇道 499 號北角工業大廈一樓 B
電話：(852) 2137 2338　傳真：(852) 2713 8202
電子郵件：info@chunghwabook.com.hk
網址：http://www.chunghwabook.com.hk

□
發行
香港聯合書刊物流有限公司
香港新界荃灣德士古道 220-248 號
荃灣工業中心 16 樓
電話：(852) 2150 2100　傳真：(852) 2407 3062
電子郵件：info@suplogistics.com.hk

□
印刷
深圳中華商務安全印務股份有限公司
深圳市龍崗區平湖鎮萬福工業區

□
版次
2013 年 7 月初版
2021 年 6 月第 2 版第 1 次印刷

□
規格
大 32 開（205 mm × 143 mm）

□
ISBN：978-988-8676-69-9

出版說明

為甚麼要閱讀經典？道理其實很簡單——經典正是人類智慧的源泉、心靈的故鄉。也正是因此，在社會快速發展、急劇轉型，因而也容易令人躁動不安的年代，人們也就更需要接近經典、閱讀經典、品味經典。

邁入二十一世紀，隨着中國在世界上的地位不斷提高，影響不斷擴大，國際社會也越來越關注中國，並希望更多地了解中國、了解中國文化。另外，受全球化浪潮的衝擊，各國、各地區、各民族之間文化的交流、碰撞、融和，也都會空前地引人注目，這其中，中國文化無疑扮演着十分重要的角色。相應地，對於中國經典的閱讀自然也就有不斷擴大的潛在市場，值得重視及開發。

於是也就有了這套立足港臺、面向海外的「新視野中華經典文庫」的編寫與出版。希望通過本文庫的出版，繼續搭建古代經典與現代生活的橋樑，引領讀者摩挲經典，感受經典的魅力，進而提升自身品位，塑造美好人生。

本文庫收錄中國歷代經典名著近六十種，涵蓋哲學、文學、歷史、醫學、宗教等各個領域。編寫原則大致如下：

（一）精選原則。所選著作一定是相關領域最有影響、最具代表性、最值得閱讀的經典作品，包括中國第一部哲學元典、被尊為「群經之首」的《周易》，儒家代表作《論語》、《孟子》，道家代表作《老子》、《莊子》，最早、最有代表性的兵書《孫子兵法》，最早、最系統完整的醫學典籍《黃帝內經》，大乘佛教和禪宗最重要的經典《金剛經》、《心經》、《六祖壇經》，中國第一部詩歌總集《詩經》，第一部紀傳體通史《史記》，第一部編年體通史《資治通鑒》，中國最古老的地理學著作《山海經》，中國古代最著名的遊記《徐霞客遊記》，等等，每一部都是了解中國思想文化不可不知、不可不讀的經典名著。而對於篇幅較大、內容較多的作品，則會精選其中最值得閱讀的篇章。使每一本都能保持適中的篇幅、適中的定價，讓普羅大眾都能買得起、讀得起。

（二）尤重導讀的功能。導讀包括對每一部經典的總體導讀、對所選篇章的分篇（節）導讀，以及對名段、金句的賞析與點評。導讀除介紹相關作品的作者、主要內容等基本情況外，尤強調取用廣闊的「新視野」，將這些經典放在全球範圍內、結合當下社會生活，深入挖掘其內容與思想的普世價值，及對現代社會、現實生活的深刻啟示與借鑑意義。通過這些富有新意的解讀與賞析，真正拉近古代經典與當代社會和當下生活的距離。

（三）通俗易讀的原則。簡明的注釋，直白的譯文，加上深入淺出的導讀與賞析，希望幫助更多的普通讀者讀懂經典，讀懂古人的思想，並能引發更多的思考，獲取更多的知識及更多的生活啟示。

（四）方便實用的原則。關注當下、貼近現實的導讀與賞析，相信有助於讀者「古為今用」、自我提升；卷尾附錄「名句索引」，更有助讀者檢索、重溫及隨時引用。

（五）立體互動，無限延伸。配合文庫的出版，開設專題網站，增加朗讀功能，將文庫進一步延展為有聲讀物，同時增強讀者、作者、出版者之間不受時空限制的自由隨性的交流互動，在使經典閱讀更具立體感、時代感之餘，亦能通過讀編互動，推動經典閱讀的深化與提升。

這些原則可以說都是從讀者的角度考慮並努力貫徹的，希望這一良苦用心最終亦能夠得到讀者的認可、進而達致經典普及的目的。

「弘揚中華文化」是中華書局的創局宗旨，二〇一二年又正值創局一百週年，「承百年基業，傳中華文明」，本局理當更加有所作為。本文庫的出版，既是對百年華誕的紀念與獻禮，也是在弘揚華夏文明之路上「傳承與開創」的標誌之一。

需要特別提到的是，國學大師饒宗頤先生慨然應允擔任本套文庫的名譽主編，除表明先生對本局出版工作的一貫支持外，更顯示先生對倡導經典閱讀、關心文化傳承的一片至誠。在此，我們要向饒公表示由衷的敬佩及誠摯的感謝。

倡導經典閱讀，普及經典文化，永遠都有做不完的工作。期待本文庫的出版，能夠帶給讀者不一樣的感覺。

中華書局編輯部

二〇一二年六月

目錄

《管子》導讀

趙善軒

現代人對道德價值的追求日趨淡漠，一些家長生兒育女時就已考慮子女他日的回報，某些父母從小就栽培女兒嫁入豪門，許多學生選科以前途作考慮而忽略個人志趣。套用德國社會學家馬克斯・韋伯（Max Weber）的術語，這些都是「工具理性」（instrumental reason）的考慮，即以事件能帶來利益多寡為衡量標準。反之，傳統文化被視為陳義過高，不切實際，原因是我們從小所接觸的傳統文化乃以正統儒家為主，孔子主張「志士仁人，無求生以害仁，有殺身以成仁」（《論語・衞靈公》）；孟子堅持生與義有矛盾時，「捨生而取義」（《孟子・告子上》）。這種傾向的傳統價值理性思維，在當下社會重視追求利益的風氣下顯得格格不入。

傳統法家思想把效益最大化視為根本的考慮，這近於工具理性主義，惟法家進一步認為只要能達到目的，不惜採取任何手段，為了國家穩定，可以打壓少數人，甚至草菅人命。《商君書》說：「愚者闇於成事，知者見於未萌。民不可與慮始，而可與樂成。」威權管治乃基於人民愚昧之設，古今如一，幾乎沒有一個高教育水平的國家，專政機器能夠長期運作。專政者假設百姓無知，故須由「賢人」領導，稱呼上級為領導人，就是設定了人民需要被領導，而無權參與政治，政府的透明度亦相當低。《管子》一書載有「賢人」一詞共二十三次，並屢次提到賢人管治的好處，「賢人政治」（philosopher politics）是傳統中國政治文化的核心底蘊，其另一稱呼是「臣屬文化」，即人民樂於臣服於威權者之下，中國千年來皆行此政治思想，而《管子》對這一理論的建構有着不可或缺的貢獻。

近年來，知識界、文藝界仍然不乏人為這種思想重新造勢，試圖製造威權管理的合理性，甚至透過強大的宣傳機器，漸漸成了一種主流聲音。文學、影視作品為這樣的歷史人物塑造偉大的歷史形象，秦始皇、漢武帝不再是杜甫《兵車行》裏的負面人物，而成了一代偉人，清代的雍正皇帝也一改兇殘成性的歷史形象，成了用心良苦的國家領導人，為了社會利益而不計較個人名聲。至於擇善固執又講價值理性的人物，反被人視為不識大體、阻礙了社會發展，例如竟有電視劇把岳飛、文天祥說成妨礙民族融合的障礙。這些人往往重視效果，卻輕視手段，譬如不問子女考試的方法，只關心是否能考出好成績；認為工作性質不重要，能養家糊口即可；不在乎官員如何得居大位，只管其施政的成效是否彰顯。這就是大講「發展就是硬道理」的後遺症，一味發展經濟，而忽略了人文關懷才是人類的核心價值，慢慢地由「向前看」變成「向錢看」，從「為人民服務」變成了「為人民幣服務」。

一、主要思想內容

（一）義利之辨

歷史學家趙靖指出，先秦諸子如管子、孔子、孟子、荀子等人認可求利是人類之本性。[1]《管子・侈靡篇》更明確提出「上侈下靡」的主張，即富人大量消費以造就貧民、工匠、女工的就業機會，有衣食可得。[2] 孔子曰：「富與貴是人之所欲也，不以其道得之，不處也。」孔子討論的重點是「義利」之關係，屬於倫理學層面的闡述。《史記・管晏列傳》亦有相類的記述：「管仲既任政相齊，以區區之齊在海濱，通貨積財，富國強兵，與俗同好惡，故其稱曰：上服度，則六親固。四維不張，國乃滅亡。下令如流水之原，令順民心。」其實，《管子》是集各家大成，在義利觀方面比儒家更有彈性，它不像儒家般把道德價值凌駕於生命之上，動輒講「餓死事小，失節事大」或「餓死於首陽山」，而是試圖把傾向價值理性的儒家思想，以及類近於工具理性的法家思想，合而為一，破除非黑即白、二元對立的邏輯謬誤，有意建構成兩者並重的

1　趙靖等：《中國經濟思想通史・卷一》（北京：北京大學出版社，二〇〇二年），第六〇〇頁。

2　巫寶三：《管子經濟思想研究》（北京：中國社會科學出版社，一九八九年），第一五〇頁。張固也：《管子研究》（山東：齊魯書社，二〇〇六年），第二五一頁。

思考系統。

許多人以為管仲既是現實主義者，故此書多是宣揚唯利是圖的思想。事實上，《管子》絕非只講利益，而是認為道德要在滿足基本需要後進一步實現出來。當代哲學家殷海光提出了人生的意義可分為四個階段，分別是物理層、生物邏輯層、生活文化層和價值層。人類需要拾級而上，充實基本需要後昇華至道德理想的層次，人生才活得有意義。《管子・牧民篇》說：「倉廩實則知禮節，衣食足則知榮辱。」這就是為「義利觀」建立序列，它既注意實質利益，又看重抽象概念，主張先現實後理想，如此不但較符合人性，更是易知易行，這種提倡在滿足生活文化層後，必須發展道德倫理一層的主張，乃由下而上的道德觀，有別於儒家講犧牲小我、完成大我的一套。其實，這種思想正是現代人的明燈，人們既渴望生活安穩，又想為社會出一份力，他們既不喜空談理想，認為過高的目標猶如空中樓閣，但又希望在道德實踐上有一番作為，衣食足而知榮辱似乎是合理的人生目標。順帶一提，法國大革命時西方哲學家孟德斯鳩（Charles de Secondat, Baron de Montesquieu，一六九八—一七五五）也提出相似的說法，世稱「孟德斯鳩命題」，認為當經濟發展起來，擺脫野蠻階段，人們才有能力追求精神上的滿足。[3]

一言蔽之，《管子》所提出的說法是對人性體察極深的洞見。在道德淪喪，幾乎無所不假的

3 白鷺：《貨殖列傳經濟學》（臺灣：海鴿出版，二〇〇九年），第三十至三十一頁。

社會裏，在路見不平拔足而走的當代社會，較容易引起向來不關注道德的人們的反思，提升現代人的德性。

（二）經濟思想

《管子》一書所提出的治國思想最為可觀，歷代學人多有引用，尤其體現在經濟方面。中國傳統經濟思想有兩大路徑，一是自由放任主義，以黃老思想為代表，司馬遷的「善者因之」[4]是為佼佼者；二是干預主義，具法家色彩的《管子》就是一大濫觴。趙靖指出，《管子》主張國家對經濟行為進行干涉，此方面可見於《管子》之四民不得雜處說[5]。士農工商的階層說在中國歷史上有極大的影響，日本德川幕府亦以為國策，其實《管子》是這方面的首倡者。對此，明末清初學者顧炎武在《日知錄》中，有「士何事」條對此進行分析，其謂：

> 士、農、工、商謂之四民，其說始於《管子》。三代之時，民之秀者乃收之鄉序，升

4《**史記・貨殖列傳**》：「太史公曰：夫神農以前，吾不知已。至若詩書所述虞夏以來，耳目欲極聲色之好，口欲窮芻豢之味，身安逸樂，而心誇矜埶能之榮使。俗之漸民久矣，雖戶說以眇論，終不能化。故善者因之，其次利道之，其次教誨之，其次整齊之，最下者與之爭。」

5《**漢書・貨殖傳**》：「管子云古之四民不得雜處。士相與言仁誼於閒宴，工相與議技巧於官府，商相與語財利於市井，農相與謀稼穡於田野，朝夕從事，不見異物而遷焉。」

之司徒而謂之士。……則謂之士者大抵皆有職之人矣，惡有所謂群萃而州之處，四民各自為鄉之法哉。春秋以後，遊士日多。《齊語》言桓公為遊士八十人，奉以車馬衣裘，多其資幣，使周遊四方，以號召天下之賢士，而戰國之君遂以士為輕重，文者為儒，武者為俠。嗚呼！遊士興而先王之法壞矣。

《國語·齊語》亦記載了管仲與桓公的對話：「四民者勿使雜處，雜處則言哤，其事易。」《管子》一書與此條史料大抵相合。管仲本人及《管子》一書都反對四民雜處，此乃出於政府管治的考慮，其認為易於控制各階層，以及堵塞社會流動，實大大有利於社會的「超穩定結構」，而國家穩定是其學說的重中之重。

相反，另一路徑是以司馬遷為首的自由主義，其主張「善者因之」，認為市場放任是最好的辦法，反對政府直接干預，此與《管子》提出的輕重理論大相徑庭，輕重論提倡由政府設置機構，監管市場經濟。數十年來，中國奉行干預主義，造成了極嚴重的社會問題；西方諸國大講「新自由主義」，最後令各國債臺高築，引發經濟危機。可見物極必反、過猶不及乃千古不易之道理。西漢初年行黃老之術，然漢興七十餘年後因放任不管，導致富者田連阡陌，貧富懸殊，民不聊生。漢武帝時積極改革，卻因與民爭利而令人民生活無依，此即歷史發展的規律。觀乎歷史，當人心思變以後，又會人心思安，在自由主義下生活得太久，人民又渴望轉向社會主義；反之，社會主義下的人民又希望在自由主義下生活。南美洲近三十年來，就是不斷遊走在左派與右派之間，政權不斷更替，政局長期不穩，就是不明白中國哲學中不偏不倚的道理。

二、作者及成書

眾所周知，《管子》約成書於戰國中晚期，大部分篇章皆非出於管仲之手，而是後人集體編輯而成。部分內容是後人託管仲之名而作，也有一些章節與管仲其人沒有直接關係。據陳鼓應的研究，《管子》一書的部分篇章，是戰國晚期齊國稷下學者的作品，與管仲其人的思想並非完全一致，書中內容很大程度上是屬於道家取向，並且主張道法結合，由老莊的理想主義走入現實社會，對後來的黃老思想有深遠影響。[6]

由此觀之，《管子》是先秦諸子的思想集成，是眾多學者共同書寫的百科全書，涉及治國、

6 陳鼓應：《管子四篇詮釋——稷下道家代表作解析》（北京：商務印書館，二〇〇九年），第三至二十七頁；參見陳佩君：《先秦道家的心術與主術——以〈老子〉、〈莊子〉、〈管子〉四篇為核心》，第二四五頁。

經濟、軍事、社會、哲學、人口、農業等領域，觸及法、儒、道、農、兵、陰陽諸子學說。

據現有的材料得知，《管子》一書最早被《韓非子・五蠹》提及：「今境內之民皆言治，藏商、管之法者家有之」。《史記》也有詳細記載，此書可能是司馬遷的手邊讀物。到了晉代，學者傅玄對《管子》的作者提出異議，他說：「管仲之書，過半是後之好事者所為，輕重諸篇尤鄙俗。」傅玄對託名篇章的評價不高，認為是鄙俗之作。唐代孔穎達在《左傳・正義曰此傳大略》云：「世有管子書者，或是後人所錄，其言甚詳⋯⋯其唯管夷吾乎。臣之所不如夷吾者五⋯⋯」可知作者不是管仲。宋代的葉適《水心集》說：「《管子》非一人之筆，亦非一時之書，以其言毛嬙、西施、吳王好劍推之，當是春秋末年。」《四庫全書總目》說：「今考其文，大抵後人附會多於仲之本書。」當代學者一般認為，書中出現戰國或後代流行的文字，大部分內容非春秋時代的作品，此已成學界共識。[7]

其實，不獨此書，近年出土大量戰國至漢代的竹書、帛書，內容文字與今本流行的大有不同，因我們所讀之版本，多為漢代的改版，多非春秋戰國的原著，故一些學人認為出土文獻使中國哲學史、思想史有改寫的必要。

今本《管子》與大部分先秦諸子一樣，乃經漢代學者劉向編輯而成。《管子》共八十六篇，

7 張固也：《管子研究》（山東：齊魯書社，二〇〇六年），第二十一至二十二頁。

今本十篇已佚。全書十六萬餘字：《經言》九篇，《外言》八篇，《內言》七篇，《短語》十七篇，《區言》五篇，《雜篇》十篇，《管子解》四篇，《管子輕重》十六篇。《漢書．藝文志》將其作為道家一類，而《隋書．經籍志》則將其改列法家一類。其實，這部書包羅萬有，從不同角度看，就有不同的看法，故仁者見仁，智者見智。

這裏不禁要問，何以後世學者要冒管仲之名而作書呢？主要是因管仲平生乃是實用主義的代表人物，其功業對春秋時代有舉足輕重的作用，世人對他高山仰止，故不少學者都藉管仲之名來發揮，希望建立一套實用主義與道德價值俱備的學說。孔子曾說：「微管仲，吾其被髮左衽矣。」可見就連孔子也肯定了管仲對抗夷狄、使華夏免受夷狄侵害的偉大功績。《論語》中記載了孔子對管仲的人格批評，但孔子也客觀地指出：「桓公九合諸侯，不以兵車，管仲之力也。如其仁，如其仁。」孔子認同管仲尊王有功，對於維護周室統治權威有着不可磨滅的作用。

司馬遷在《史記．管晏列傳》中說：「天下不多管仲之賢而多鮑叔能知人也。」認為世人只讚美鮑叔能識別人才，卻少有人認識到管仲的才能。他還說：「管仲世所謂賢臣，然孔子小之。豈以為周道衰微，桓公既賢，而不勉之至王，乃稱霸哉？語曰：將順其美，匡救其惡，故上下能相親也。豈管仲之謂乎？」司馬遷反駁了孔子對管仲的批評，認為他即使有過，也是功大於過。由此可見，對管仲持肯定態度者，乃基於其功業成就，欲以實際作用掩蓋其行事動機，這與西方哲學中的「義務論」凡事以動機作判斷很不同，儒家思想往往以動機作判斷，故近於「義務論」一類。近百年來，「義務論」被人們視為難以實行的一套，反之「功利論」大行其道，人人計算如何將利益最大化，討論社會政策時，目的正義性不再是立論之首要考慮，而成效反是必要條件，這種思維在《管子》一書中大量存在。然此書卻非近於個人功利主義，而是以社會利益為終極追求，這比起現代人講個人利益最大化的狀況，又是高一層次。

三國時代的諸葛亮也常自比管仲，諸葛亮也是另一現實主義的代表者，史家多將其置於法家人物之中。他為求達到目的，不計較手段，對付李嚴等蜀國本土派毫不手軟，諸葛亮對管仲的推崇，足見其歷史影響。管仲不像大多數諸子般屬文弱書生，而是戰功顯赫的齊國相國，桓公以仲父尊稱他，他也是經世治國的典範，故後世學者藉他的大名來著書立說，實能大大提升作品的說服力。這是古人與今人之別，古人喜託他人之名著書，今人卻有人把別人的作品強冠自己的名字，可見古代著者志在闡述己見，非為沽名釣譽而寫作。

三、管仲其人

管仲（前七二五—前六四五），名夷吾，字仲，謚號「敬」，史稱管子，潁上（今安徽省潁上縣）人。其祖先是姬姓的後代，與周王室同宗，其父為齊國的大夫，後來家道中衰，至管仲時已很貧困。管仲年輕時曾經商，又曾輔佐齊國公子糾（齊桓公之兄），幾經周折，由鮑叔牙舉薦，得以輔佐齊桓公，封為上卿，最終幫齊桓公建立霸業，被尊為「仲父」，有「春秋第一相」之譽。管仲身處列國並峙、征戰不休的春秋時代，憑着濟世匡時的理想和經天緯地的才能，他從實際出發，重視發展經濟，反對空談，主張改革以富國強兵，使齊國慢慢強大起來。對於管仲的功業，《史記・貨殖列傳》有詳細的記述：

其後齊中衰，管子修之，設輕重九府，則桓公以霸，九合諸侯，一匡天下；而管氏亦有三歸，位在陪臣，富於列國之君。是以齊富強至於威、宣也。

齊國自太公望（姜子牙）立國以來，一直興盛不絕，直至平王東遷後中衰，而令齊國重振雄風的人，不是家學淵源、累世公卿的士大夫，而正是管仲。《史記・管晏列傳》對管仲的成就也作了詳細的說明：

管仲既用，任政於齊，齊桓公以霸，九合諸侯，一匡天下，管仲之謀也。……管仲既任政相齊，以區區之齊在海濱，通貨積財，富國強兵，與俗同好惡。……其為政也，善因禍而為福，轉敗而為功。貴輕重，慎權衡。……管仲富擬於公室，有三歸、反坫，齊人不以為侈。管仲卒，齊國遵其政，常強於諸侯。

管仲為相期間致力振興齊國經濟，利用商業的路徑，使得商貨流通不絕。他又對齊國的財政制度進行改革，設立監管機構，大力促進經濟發展，對社會作嚴密監督。如此一來，在勵精圖治下，使國家興旺起來，為齊桓公奠定了春秋霸主的地位。

司馬遷在《史記．管晏列傳》中，轉引了管仲的自白：

管仲曰：「吾始困時，嘗與鮑叔賈，分財利多自與，鮑叔不以我為貪，知我貧也。吾嘗為鮑叔謀事而更窮困，鮑叔不以我為愚，知時有利不利也。吾嘗三仕三見逐於君，鮑叔不以我為不肖，知我不遇時也。吾嘗三戰三走，鮑叔不以我怯，知我有老母也。公子糾敗，召忽死之，吾幽囚受辱，鮑叔不以我為無恥，知我不羞小節而恥功名不顯於天下也。生我者父母，知我者鮑子也。」

這段話反映了三點：首先，管仲不屬於「知其不可為而為之」一類人物，而是現實主義者，因家中有老母需照顧而在戰場上退卻，他顯然不是情操高尚的典型人物。其次，管仲也非不事二主的忠臣，他不計較個人名聲，只在乎是否能實現他的治國宏圖，心中只有天下，名聲倒是其次。再次，管仲年輕時曾經與好友鮑叔牙一起做生意，可見其與太公望一樣，是一個商人出身的政治家，且在他為相期間，致力發展齊國的經濟，最終使齊國稱霸於春秋。

值得注意的是，傳統中國知識分子的典範，大多出身士人世家，或是身家清白的書生，鮮有像管仲有商賈的背景，再憑藉自身的努力而達致社會上流，與他背景相似的有呂不韋（約前二九〇—前二三五）。如此看來，管仲被列為法家人物，實在是基於他的實質功績，因其名聲之大，影響之巨，而奠定了《管子》一書的學術地位。然而，與管仲背景相似、地位相近、影響力相當的呂不韋，不入司馬遷的《史記・貨殖列傳》，管仲與太公望等人卻一同入選，這是因為他們功業顯著而尚有益於人民，非只為個人私利而治國。司馬遷乃繼承了「孔子著春秋，亂臣賊子懼」的傳統，藉史書來品評人物，對管仲其人作了崇高的致敬，同傳的其他人物，也多才德兼備，對社會有很大的貢獻，故古時富貴是兩回事，富者未必貴，貴者須得社會各界肯定。今天，有些暴發戶、官二代、富二代橫行霸道，目中無人，富而不貴，究其原因，就是不懂義利俱重的道理，這大概是沒受過傳統中國文化洗禮所致。

管仲治齊國的經歷，司馬遷在《史記・齊太公世家》中又說：

> 桓公既得管仲，與鮑叔、隰朋、高傒修齊國政，連五家之兵，設輕重魚鹽之利，以贍貧窮，祿賢能，齊人皆說。

《史記》多次引用「倉廩實而知禮節，衣食足而知榮辱」一語，反映了歷史學家司馬遷與《管子》的作者一樣，認為政府應當先讓老百姓享受物質文明的成果，進而追求精神文明的發展，最後得以「利民」。[8] 這可說是現實主義與道德價值結合的一大嘗試，當為過分追求利益而忽略道德的今人所注意。

《史記》中尚有不少對管仲的溢美之詞，《史記・管晏列傳》中說：

太史公曰：吾讀管氏牧民、山高、乘馬、輕重、九府，及晏子春秋，詳哉其言之也。既見其著書，欲觀其行事，故次其傳。至其書，世多有之，是以不論，論其軼事。管仲世所謂賢臣，然孔子小之。豈以為周道衰微，桓公既賢，而不勉之至王，乃稱霸哉？語曰：「將順其美，匡救其惡，故上下能相親也。」豈管仲之謂乎？

司馬遷認為管仲是「世所謂賢臣」，這一點是對他的功業作出肯定，尤其是管仲對齊國經濟發展所作的貢獻。他又在《史記・平準書》中說：「齊桓公用管仲之謀，通輕重之權，徼山海之業，以朝諸侯，用區區之齊顯成霸名。魏用李克，盡地力，為強君。」其實，歷史上真正的盛世，經濟發達、物阜民豐是必要的條件。然而，管仲治下的齊國不但國力強大，更是以國力優勢來維護國際秩序與社會正義，帶領盟國維護周室的統治地位，既不與喪德敗行之國為伍，

8 周俊敏：《管子經濟思想倫理研究》，（湖南：嶽麓書社，二〇〇三年），第八十七頁。

也絕不欺壓無辜者而換來國家穩定，這樣的盛世才能令人心悅誠服。反之，一味以軍事力量和經濟力量自詡的君主，如漢武帝、唐玄宗、清高宗等，免不了會遭史家批判。借古鑒今，賢明者應當效法。反之，一再重複歷史的教訓，受苦的永遠是平民百姓。

四、歷代研究

《管子》研究方面，自唐代尹知章注《管子》至今，至少有四十多種注本，其中尤以石一參的《管子今詮》（上、下），許維遹、聞一多、郭沫若的《管子集校》，馬非白的《管子輕重篇新詮》影響最深。「安徽省管子研究會」集合了數十位專家，多年來累計發表論文數百篇，數量甚豐。《管子》的哲學研究，臺灣學者陳鼓應及其學生有專書及博士論文討論。至於經濟思想研究，香港學者宋敍五有開拓性的貢獻，大陸學者趙靖、石世琦等人的研究成果備受學界肯定。

總之，《管子》一書內容博雜，以治國及經濟思想尤為重要，故本書選材以此類為主，選取可讀性高且具現代意義的篇章，加以注釋、翻譯和評點，供讀者參考。譯注參考了北京中華書局李山所注版本。書中若仍有疏漏及錯謬之處，請讀者批評指正。

牧民第一

本篇導讀——

《四庫全書總目提要》說：（《管子》）書中稱經言者九篇，稱外言者八篇，稱內言者九篇，稱短語者十九篇，稱區言者五篇，稱雜篇者十一篇，稱管子解者五篇，稱管子輕重者十九篇。其中經言九篇，《牧民》為綱領性篇章，是全書首章。牧民即治理國民，本篇闡述治國治民的理論原則，分為「國頌」、「四維」、「四順」、「士經」、「六親五法」五節。

第一節「國頌」開宗明義地點出道德的基礎乃在於生活，而國家強大的基礎又在於道德，其實二者本是互為因果，若只側重一者，斷不可能成就大業。

第二節強調四維的重要性，道德的內涵主要在於四維，一旦四維傾覆，國家也不能有效管治，注釋尤為發人深省，歷代不少帝王或是亡於私德有虧，以失人心；或是亡於國民道德不興，互相侵害。

第三節探討了民心對於治國的重要性，作者論述了為政必須順應民心的原則和經驗，並且具體說明百姓的「四欲」和「四惡」，統治者要想長久穩定地統治國家，必須順應民心，千方百計為百姓謀利，正所謂「水可載舟，亦可覆舟」。

第四節「士經」當為「十一經」，闡述了治國馭民所需要的十一項經常性措施，並具體論述了這些措施的主要內容以及功效，涉及政治、經濟、刑法等各方面。

第五節「六親五法」說明君主治國的一系列具體準則，在內容上首尾貫穿，認為君主治國需要廣開言路，開誠佈公。

凡有地牧民者，務在四時[1]，守在倉廩[2]。國多財則遠者來，地辟舉則民留處[3]；倉廩實則知禮節，衣食足則知榮辱；上服度則六親固[4]，四維張則君令行[5]。故省刑之要在禁文巧[6]；守國之度在飾四維[7]；順民之經在明鬼神[8]，祇山川，敬宗廟，恭祖舊。不務天時則財不生，不務地利則倉廩不盈。野蕪曠則民乃菅[9]，上無量則民乃妄，文巧不禁則民乃淫，不璋兩原則刑乃繁[10]，不明鬼神則陋民不悟，不祇山川則威令不聞，不敬宗廟則民乃上校[11]，不恭祖舊則孝悌不備。四維不張，國乃滅亡。

右「國頌」[12]。

注釋

1 四時：四季，春、夏、秋、冬四季。《論語・陽貨》：「四時行焉，百物生焉。」農業社會最重視春耕、夏耘、秋收、冬藏四個農事。

2 倉廩（粵：凜；普：lǐn）：儲藏米穀的地方，古時穀藏曰倉，米藏曰廩。

3 辟：開闢。舉：盡，全。尹知章云：「舉，盡也。言地盡闢，則人留而安居處也。」

4 上服度：原指君主的服飾，後引申為用度合乎法度。尹知章注：「服，行也。上行禮度，則六親各得其所，故能感恩而結固之。」六親：父、母、兄、弟、妻、子。

5 四維：禮、義、廉、恥。

6 省刑：減輕刑罰。文巧：指過分奇巧而無益於實用的製品、物件。

7 飾：通「飭」，整飭，整頓。

8 順民：訓民，教化百姓。訓民之經言教化其民之道。明鬼神：尊敬鬼神。

9 菅：當為奸，或解作「荒」，荒唐怠惰。

10 璋：「障」的通假字，堵塞。兩原：指上文「民妄」和「民淫」二者的根源是「上無量」與「文巧不禁」。

11 校：音「較」，抗拒，冒犯，忤逆。上校即不服從，反抗上級。

12 國頌：國家的根本法條。頌，本為一種詩體，即《詩》的風雅頌的頌，《說文》：「頌者，美盛德之形容。」此處猶如說「格言」。

譯文

擁有封地、統治百姓的君主，最重要的事情是致力於發展農業生產，管理好糧食的儲備。國家財富豐裕，遠方的人就會主動前來歸順；充分開闢土地，百姓就會長居於此；糧食豐足，百姓就知道禮節；衣食富餘，百姓就知道榮辱；君主的衣着、器物等符合法度，六親之間就會相安無事，關係密切；推行禮義廉恥，才能令行禁止。因此減少刑罰的關鍵在於禁止奢侈，鞏固國家的關鍵在於整頓禮義廉恥，教化百姓的關鍵是崇奉鬼神、祭祀山川、敬重祖宗、尊重舊親。不重視天時地利，就不能生產資源，充盈糧食。田野荒蕪廢棄，百姓就懶惰；君主奢侈無度，百姓就妄為；不禁止奢侈，百姓就放縱；不堵塞這兩個禍根，刑罰就會繁多；不崇鬼神，百姓就不會覺悟；不祭山川，威令就不會聞達於民間；不敬祖宗，百姓就會犯上作亂；不善待親戚故舊，孝悌之道就不會完備。禮義廉恥得不到推行，國家就會滅亡。

以上為「國頌」。

賞析與點評

哲學家殷海光提出了人生的意義可分為四個階段，分別是：物理層、生物邏輯層、生活文化層、價值層。本篇最可貴的思想是提倡在充實生活文化層以後，必須發展道德倫理一層，屬於由下而上的倫理觀。此有別於孟子，孟子曰：「魚我所欲也，熊掌亦我所欲也，二者不可得兼，捨魚而取熊掌者也。生亦我所欲也；義亦我所欲也，二者不可得兼，捨生而取義者也。」孟子重義輕生、提倡由上而下的生死觀，故本章所講的比起孟子主張的捨生取義較貼近人性，也更易知易行，一般人亦能為之。

國有四維[1]。一維絕則傾，二維絕則危，三維絕則覆，四維絕則滅。傾可正也，危可安也，覆可起也，滅不可復錯也[2]。何謂四維？一曰禮，二曰義，三曰廉，四曰恥。禮不踰節，義不自進[3]，廉不蔽惡，恥不從枉[4]。故不踰節，則上位安；不自進，則民無巧詐；不蔽惡，則行自全；不從枉，則邪事不生。

右「四維」。

注釋

1 維：《說文》：「許以此篆專繫之車蓋。蓋必有所受矣。引申之，凡相繫者曰維。馘維、綬維是也。」即是指繫物的大繩，引申為維繫國家命運的關鍵。

2 錯：通「措」，措施。一說「錯」為衍字。

3 自進：妄自求進。

4 從枉：趨從壞人。枉，《淮南子·時則訓》：「又人之不直者，亦謂之枉。」

譯文

維繫國家存在的綱領有四條。失去其中一條，國家將傾倒；失去兩條，國家將危險；失去三條，國家將傾覆；四條全失，國家將滅亡。傾倒了可以扶正，危險可以轉為安定，傾覆可以再振起，滅亡了就無法挽回。四維即禮、義、廉、恥。遵守禮，就不會超越規範；講求義，就不會妄自求進；做到廉，就不會掩飾過錯；懂得恥，就不會和邪惡同流合污。因此，不超越規範，君主的地位就會穩固；不妄自求進，百姓就不會投機取巧；不掩飾過錯，品行就自然端正；不同流合污，壞事就不會發生。以上為「四維」。

政之所興[1]，在順民心；政之所廢，在逆民心。民惡憂勞，我佚樂之[2]；民惡貧賤，我富貴之；民惡危墜，我存安之；民惡滅絕，我生育之。能佚樂之，則民為之憂勞；能富貴之，則民為之貧賤；能存安之，則民為之危墜；能生育之，則民為之滅絕。故刑罰不足以畏其意，殺戮不足以服其心。故刑罰繁而意不恐，則令不行矣；殺戮眾而心不服，則上位危矣！故從其四欲，則遠者自親；行其四惡，則近者叛之。故知予之為取者，政之寶也。

右「四順」。

注釋

1 興：《群書治要》、《藝文類聚》等引此句，並作「行」。

2 佚樂：「逸樂」的通假字，指安逸喜悅，《史記・三王世家》：「無長好佚樂，馳騁弋獵，淫康而近小人。」

譯文

政令能夠推行，在於順應民心；政令所以廢弛，在於違背民心。百姓怕憂勞，君主便使他們安樂；百姓怕貧賤，君主便使他們富貴；百姓怕危難，君主便使他們安定；百姓怕滅絕，君主便使他們生育繁息。能使百姓安樂，他們就可以為君主承受憂勞；能使百姓富貴，他們就可以為君主忍受貧賤；能使百姓安定，他們就可以為君主承擔危難；能使百姓生育繁息，他們也就不惜為君主而犧牲了。因此，繁重的刑罰不足以使百姓害怕，大量的殺戮也不足以使百姓臣服。刑罰繁重而人心不懼，政令就不能推行；殺戮眾多而人心不服，君主的地位就危險了。因此，順應百姓的四種欲望，遠方的人自會歸順；如果忤逆民意，親近的人也會叛離。可見「予之於民即取之於民」這個原則是治國的法寶。

以上為「四順」。

錯國於不傾之地[1]，積於不涸之倉，藏於不竭之府，下令於流水之原[2]，使民於不爭之官[3]，明必死之路，開必得之門，不為不可成，不求不可得，不處不可久，不行不可復。錯國於不傾之地者，授有德也；積於不涸之倉者，務五穀也；藏於不竭之府者，養桑麻育六畜也；下令於流水之原者，令順民心也；使民於不爭之官者，使各為其所長也；明必死之路者，嚴刑罰也；開必得之門者，信慶賞也[4]；不為不可成者，量民力也；不求不可得者，不強民以其所惡也；不處不可久者，不偷取一世也[5]；不行不可復者，不欺其民也。故授有德，則國安；務五穀，則食足；養桑麻、育六畜，則民富；令順民心，則威令行；使民各為其所長，則用備；嚴刑罰，則民遠邪；信慶賞，則民輕難[6]；量民力，則事無不成；不強民以其所惡，則詐偽不生；不偷取一世，則民無怨心；不欺其民，則下親其上。

右「士經」[7]。

注釋

1 錯：通假字，與「措」同義，可解作安放、處置。

2 流水：指民眾順從。《荀子．富國》：「而百姓皆愛其上，人歸之如流水。」

3 官：指職位、崗位、行業。

4 信：信守承諾。

5 世：何如璋云：世疑作「時」，以音近而訛。譯文從「時」，短期內。

6 輕難：不怕死難。

7 士經：應為「十一經」之誤。

譯文

把國家建立在穩固的基礎上，把糧食儲存在取之不盡的糧倉裏，把財貨貯藏在用之不竭的府庫裏，把政令下達在流水源頭上，把百姓安置在沒有爭執的崗位上，向百姓指出犯罪必死的道路，敞開立功必賞的大門，不從事不能成功的事業，不追求不應該得到的東西，不可立足於難得持久的地位，不去做不可重複的事情。所謂把國家建立在穩固的基礎上，就是把政權交給有德行的人；所謂把糧食儲存在取之不盡的糧倉裏，就是要致力於五穀生產；所謂把財富貯藏在用之不竭的府庫裏，就是要種植桑麻、飼養六畜；所謂把政令下達在流水源頭上，就是要讓政令順應民心；所謂把百姓安置在無所爭議的崗位上，就是要盡其所長；所謂向百姓指出犯罪必死的道路，就是刑罰嚴厲；所謂敞開立功必賞的大門，就是獎賞信實；所謂不從事不能成功的事，就是要度量民力；所謂不追求不應該得到的東西，就是不強迫百姓去做他們厭惡的事情；所謂不可立足於難得持久的地位，就是不貪圖一時僥倖；所謂不去做不可重複的事情，就是不欺騙百姓。這樣，把政權交給有德行的人，國家就能安定；努力從事五穀生產，糧食就會充足；種植桑麻、飼養六畜，百姓就可以富裕；能做到政令順應民心，威信就能樹立；使百姓各盡所長，用品就能齊備；刑罰嚴厲，百姓就不會生邪念；獎賞信實，百姓就不怕死難；量民力而行事，就可以事無不成；不強使百姓幹他們厭惡的事情，欺詐作假的行為就不會發生；不貪圖一時僥倖，百姓就不會抱怨；不欺騙百姓，百姓就擁戴君上。

以上為「十一經」。

以家為鄉[1]，鄉不可為也；以鄉為國，國不可為也；以國為天下，天下不可為也。以家為家，以鄉為鄉，以國為國，以天下為天下。毋曰不同生[2]，遠者不聽；毋曰不同鄉，遠者不行；毋曰不同國，遠者不從。如地如天，何私何親？如月如日，唯君之節[3]。御民之轡[4]，在上之所貴；道民之門[5]，在上之所先；召民之路，在上之所好惡。故君求之，則臣得之；君嗜之，則臣食之；君好之，則臣服之；君惡之，則臣匿之。毋蔽汝惡，毋異汝度，賢者將不汝助。言室滿室，言堂滿堂[6]，是謂聖王。城郭溝渠，不足以固守；兵甲強力，不足以應敵；博地多財，不足以有眾。惟有道者，能備患於未形也，故禍不萌。天下不患無臣，患無君以使之；天下不患無財，患無人以分之。故知時者，可立以為長；無私者，可置以為政；審於時而察於用，而能備官者[7]，可奉以為君也。緩者後於事，吝於財者失所親，信小人者失士。

右「六親五法」。

注釋

1 以家為鄉：用治理家的方法來治理鄉。

2 生：通假字，即「姓」也。

3 節：節度。

4 轡：（粵音：BEI3）：即馬的韁繩，在此借喻為治理百姓的手段。

5 道：通假字，同「導」，即引導。

6 言室滿室，言堂滿堂：指開誠佈公，君主發令不應有所隱藏。

7 備官：任用官吏，後世一般用作任職的自謙之詞。

譯文

用治家的方法治理鄉，鄉不可能治好；用治鄉的方法治理國，國不可能治好；用治國的方法治理天下，天下不可能治好。應該用治家的方法治家，用治鄉的方法治鄉，用治國的方法治國，用治天下的方法治理天下。不要因為不屬於同族同姓同國，就不聽取關係疏遠者的意見，不採取他們的建議，不遵從他們的主張，仍需要廣開言路，遠近皆聽。君主治理天下的準則是不分親疏，要像天地那樣覆載萬物，像日月那樣普照寰宇。駕馭百姓的關鍵，在於君主重視甚麼；引導百姓的法門，在於君主提倡甚麼；引導百姓的途徑，在於君主的好惡。君主追求的東西，臣下就想得到；君主愛吃的東西，臣下就想嘗試；君主喜歡的事情，臣下就想實行；君主厭惡的事情，臣下就想規避。因此，身為君主，不要掩飾你的過錯，不要擅改你的法度；否則，賢者將無法幫助你。在室內講話要使全室的人聽到；在堂上講話要使滿堂的人聽到，這樣開誠佈公，才稱得上是聖明的君主。光憑堅固的防禦工事不足以堅守城池；光憑強大的裝備兵力不足以抵擋敵人；光憑地大物博不足以擁有百姓。只有有道的君主，才能做到防患於未然，避免災禍的發生。天下不怕沒有能臣，就怕沒有君主任用他們；天下不怕沒有財貨，怕的是沒有人使之得到合理分配。所以，通曉天時的，可以任用為長官；沒有私心的，可以安排作官吏；通曉天時，善於用財，又善用官吏的，就可以擁戴為君主了。處事遲鈍的人往往落後於形勢；吝嗇財物的人往往失去親信；任用小人的人往往失掉賢士。

以上為「六親五法」。

賞析與點評

「以家為鄉，鄉不可為也；以鄉為國，國不可為也；以國為天下，天下不可為也。」此句一針見血地指出不能用治家的方法治理鄉，也不能用治鄉的方法治理國，亦不能用治國的方法治理天下。簡言之，執政者不能把公器當作私產，不可把天下當成家族管理。今天，華人企業仍然不乏家族式管理，用人唯親，企業創辦人希望把公司代代相傳，其道理與以家為鄉沒大分別，如此則富不及三代的故事只會不斷重複。

形勢第二

本篇導讀——

本篇又名「山高」，取首二字為題。《史記・管晏列傳》：「太史公曰：『吾讀管氏《牧民》、《山高》、《乘馬》……詳哉其言之也。』」《山高》即此篇。劉向《別錄》指出：「《九府》書民間無有，《山高》一名《形勢》。」以「形勢」為題，旨在通過事物的外在形態認識事物的內在規律。本篇廣泛列舉了自然界和人類社會的事例以及事物之間的因果關係，並以富有哲理意味的表述方式論述了治國馭民的規律和原則，強調了修道和行道的重要性，治國馭民都應該順應天道，遵循事物發展的客觀規律。

山高而不崩，則祈羊至矣[1]。淵深而不涸，則沉玉極矣[2]。天不變其常，地不易其則，春秋冬夏，不更其節，古今一也。蛟龍得水，而神可立也；虎豹得幽[3]，而威可載也。風雨無鄉[4]，而怨怒不及也。貴有以行令，賤有以忘卑，壽夭貧富，無徒歸也。銜命者[5]，君之尊也；受辭者，名之運也[6]。上無事，則民自試[7]。抱蜀不言而廟堂既修[8]。鴻鵠鏘鏘，唯民歌之；濟濟多士，殷民化之，紂之失也。飛蓬之問，不在所賓[9]；燕雀之集，道行不顧。犧牲圭璧，不足以饗鬼神[10]。主功有素，寶幣奚為[11]？羿之道，非射也；造父之術，非馭也；奚仲之巧，非斲削也。召遠者使無為焉，親近者言無事焉，唯夜行者獨有也[12]。

注釋

1 祈羊：烹羊以祭。古代祭山的一種祭儀。
2 沉玉：用來投水祭神的玉。極：至，到。
3 得幽：憑藉深山幽谷。《說文》：「幽，隱也。」
4 鄉：通假字，同「嚮」，可解作方向。
5 銜：通假字，同「含」。
6 名：名分，指君臣間的關係。運：作用。

7 自試：自由發展，各司其職。

8 蜀：祭器。修：修明。全句即無為而治之意。

9 飛蓬：《詩經・衛風・伯兮》：「自伯之東，首如飛蓬。」可解作隨風飄動的植物。問：言論。賓：聽。

10 犧牲：祭祀用品。圭璧：祭祀或朝聘時所用的一種玉器。《周禮・冬官考工記・玉人》：「圭璧五寸，以祀日月星辰。」饗：敬獻，讓鬼神享用。曹植《精微篇》：「備禮饗神祇，為君求福先。」

11 素：平日的所作所為。寶幣：泛指珍貴的禮品。

12 夜行：指內心行德。《形勢解》有「所謂夜行者，心行也」。

譯文

山高而不崩塌，人們就會用羊來祭祀；淵深而不枯竭，人們就會投玉祭祀。天不改變它的常規，地不改變它的法則，春秋冬夏不改變它的節令，從古到今都是一樣的。蛟龍只有在水中才可以樹立神靈；虎豹只有憑藉深山幽谷才可以施展威力。風雨沒有偏向，人們對它就不會有怨恨。位高的人發號施令，位低的人忘掉卑賤，長壽或短命、貧窮或富有，都不是憑空而來的。發號施令，是由於君主地位的尊嚴；接受命令，是由於君臣名分的作用。君主無為而治，百姓就自由發展；手執祭器不説話，朝政也會普遍修明。天鵝鏘鏘地鳴叫，人們齊聲讚美牠；周朝人才濟濟，感化了殷商百姓，是紂王的過失。對那些沒有根據的言論，不必理會；燕雀聚集的小事，路人不屑一顧。用牛羊玉器祭祀鬼神，不一定得到保佑。君主的功業靠平時的積累才有根基，何必使用珍貴的祭品？后羿善於射箭，不在射箭的動作，而在於掌握要領；造父善於駕車，不在駕車的動作，而在於掌握方法；奚仲善於造車，不在用刀的動作，而在於掌握技巧。招徠遠方百姓，使者沒有用處；親近身邊百姓，言語沒有作用。只有內心按道行事的君主，才能擁有天下的百姓。

賞析與點評

「貴有以行令，賤有以忘卑，壽夭貧富，無徒歸也。」

人所擁有的權力、地位、財富之不同，都是有原因的。對長者服從，對智者信服，對國家信賴，這大概是傳統農業社會的文化特色。此種文化對社會有安定的功能，但嚴重損害社會的創造力。當代中國人欲在科研、文化產業上有所發展，須對此有深刻反思。

平原之隰[1]，奚有於高？大山之隈[2]，奚有於深？訾讆之人[3]，勿與任大。譕臣者可與遠舉[4]，顧憂者可與致道。其計也速，而憂在近者，往而勿召也。舉長者可遠見也，裁大者眾之所比也[5]。美人之懷，定服而勿厭也[6]。必得之事，不足賴也；必諾之言，不足信也。小謹者不大立，訾食者不肥體[7]。有無棄之言者，必參於天地也[8]。墜岸三仞[9]，人之所大難也，而猿猱飲焉[10]。故曰：伐矜好事[11]，舉事之禍也。

注釋

1 隰（粵：習；普：xí）：低濕的地方。

2 隈（粵：偎；普：wēi）：山凹，小坑。

3 訾（粵：紫；普：zǐ）：詆謗賢人。《禮記・檀弓下》：「故子之所刺於禮者，亦非禮之訾也。」讆：吹捧壞人。

4 譕：《集韻・平聲・模韻》：「謨，古作譕。」有謀略。舉：任用賢才。

5 裁：通「材」，資質。比：當為「庇」，依賴。

6 懷：歸向，歸順。服：奉行，奉行德政。

7 訾：《管子・入國》：「歲凶，庸人訾厲，多死喪。」可解作不祥之事，此處解為討厭。

8 參：參合，融合。

9 墜岸：從高崖上跳下。三仞：形容崖高。

10 猿猱：猿猴。

11 伐矜：自我誇耀。好專：獨斷專行。

譯文

平原上的低濕之地，怎麼能夠算作高？高山上的山凹小坑，怎麼能夠算作深？誹謗賢人吹捧壞人的人，是不能委之以重任的。謀略深遠的人，可以和他共圖大事；考慮憂患的人，可以和他共行治國之道。但是，對於那種貪圖速效而只顧眼前利害的人，就不可以招用。注重長遠利益的人能謀略深遠，資質深廣的人會得到眾人的依賴。要想人們感懷自己，一定要奉行德行並且堅持不厭。看起來必成的事，不一定靠得住。聽起來完全能兑現的許諾，不一定值得信賴。拘泥小事不能成就偉業；討厭進食，身體不會健康。能夠信守這些格言的，就能參天而立。從高崖上跳下來，對人來說很難，但猿猴卻這樣來喝水。所以說，驕傲自大獨斷專行，乃是行事的禍患。

不行其野，不違其馬[1]。能予而無取者，天地之配也。怠倦者不及，無廣者疑神[2]。神者在內，不及者在門[3]。在內者將假，在門者將待[4]。曙戒勿怠[5]，後穉逢殃[6]。朝忘其事，夕失其功。邪氣入內，正色乃衰。君不君，則臣不臣；父不父，則子不子。上失其位，則下踰其節；上下不和，令乃不行。衣冠不正，則賓者不肅；進退無儀[7]，則政令不行。且懷且威，則君道備矣。莫樂之，則莫哀之；莫生之，則莫死之。往者不至，來者不極。

注釋

1 違：《說文》：「離也。」此處解作丟棄。

2 廣：通假字，同「曠」。可解作荒廢時間。疑：通假字，同「擬」。可解作如。

3 內：室內。門：門外。

4 假：讀為「暇」，指悠閒自得。待：讀為「殆」，指疲憊不堪。

5 曙戒：早晨。曙，《說文》：「曉也。」天亮。戒，報更用的戒鼓。勿：通「忽」。

6 穉：通「遲」。

7 儀：法度。

譯文

即使不去野外行路，也不能把馬丟掉。能夠做到只給予而不索取的，就可以與天地匹配。懶惰的人必定落後，勤奮的人辦事神速有效。辦事神速的已經進入室內，落後的還在門外。進入室內的可以悠閒自得，在門外的必將疲憊不堪。所以，黎明時玩忽怠惰，日暮時就要遭殃。早上忘掉該做的事情，晚上就沒有成果。一個人邪氣侵襲到體內，端正的神色就會衰退。君主不像君主的樣子，臣子當然就不像臣子；父親不像父親的樣子，兒子當然就不像兒子。君主的行為與地位不相稱，臣子就會超越規範。上下不和，政令就難以推行。君主衣冠不正，禮賓的官吏就不會嚴肅。君主的舉止不合乎法度，政策法令就不容易貫徹。對百姓既給予關懷又運用威勢，這才是君主治國完備的方法。君主不能使百姓安樂，百姓也就不會為君主分憂；君主不能使百姓繁育，百姓也就不會為君主犧牲生命。君主不給百姓好處，百姓就不會回報君主。

賞析與點評

「君不君，則臣不臣；父不父，則子不子。」

先秦諸子極重視名正言順，司馬遷之父司馬談在《論六家要旨》中說：「名家使人儉而善失真；然其正名實，不可不察也。」又指出：「儒者博而寡要，勞而少功，是以其事難盡從；然其序君臣父子之禮，列夫婦長幼之別，不可易也。」孔子也一針見血地指出：「名不正則言不順，言不順則事不成。」（《論語．子路》）《管子》也不例外。

何以恆久以來，社會上常有父子相殘、兄弟不和、夫妻反目、主僱攻訐之事不絕？究其原因，就是名實不符之故。父親不做父親應做的事，臣子不做臣子應做的事，則倫常崩壞，正義不彰，此古今如一。正視名實相符，人人恰如其分，乃是救治社會的不二法門。

道之所言者一也，而用之者異。有聞道而好為家者[1]，一家之人也；有聞道而好為鄉者，一鄉之人也；有聞道而好為國者，一國之人也；有聞道而好為天下者，天下之人也；有聞道而好定萬物者[2]，天下之配也。道往者，其人莫來；道來者，其人莫往。道之所設，身之化也。持滿者與天[3]，安危者與人。失天之度，雖滿必涸；上下不和，雖安必危。欲王天下，而失天之道，天下不可得而王也。得天之道，其事若自然；失天之道，雖立不安。其道既得，莫知其為之。其功既成，莫知其釋之[4]。藏之無形，天之道也。疑今者，察之古。不知來者，視之往。萬事之生也[5]，異趣而同歸[6]，古今一也。

注釋

1 聞道：了解道。為：治理。

2 定：安定，支配。

3 與：順從。

4 釋：指離開。

5 生：通假字，同「性」。

6 趣：通假字，同「趨」，趨向，方向，旨趣。

譯文

「道」的基本內容一樣，但運用起來卻各有不同。有的人懂得道而能治家，便是治家的人材；有的人懂得道而能治鄉，便是一鄉的人材；有的人懂得道而能治國，便是一國的人材；有的人懂得道而能治天下，便是天下的人材；有的人懂得道而能安定萬物，便和天地一樣偉大了。失道者，人民不肯投奔；得道者，人民不肯離去。想行道並有所確立，就得親身遵行道。要想保持強盛，就要順從天道；

要想使危亡者安定，就要順從人心。違背天的法則，雖然暫時豐滿，最終必然枯竭；上下不和，雖然暫時安定，最終也必然危亡。想要統一天下而違背天道，天下就不可能獲得。遵從了天道，成事就很自然；違背了天道，即使有所確立也不能持久。做事情符合道，事情的成功就會不知不覺地到來。成功以後，不居其功，自然就能放下。就好像隱藏起來而沒有形體，這就是「天道」的特徵。對當今有疑慮的可以考察古代，對未來不了解的，可以查閱歷史。萬事的本性，雖有不同，但道理卻無異，從古到今都是一樣的。

賞析與點評

「欲王天下，而失天之道，天下不可得而王也。」

古人相信得道者可得天下，古人所講的天道，在當代可理解為民心嚮背，即當權者必須順應民心，才能長治久安，否則違背民意，只會自絕於人民。一如《荀子・王制篇》說：「庶人安政，然後君子安位。傳曰：『君者，舟也；庶人者，水也；水則載舟，水則覆舟。』」又司馬遷在《史記・儒林列傳》記載：「清河王太傅轅固生者，齊人也。以治詩，孝景時為博士。與黃生爭論景帝前。黃生曰：『湯武非受命，乃弒也。』轅固生曰：『不然。夫桀紂虐亂，天下之心皆歸湯武，湯武與天下之心而誅桀紂，桀紂之民不為之使而歸湯武，湯武不得已而立，非受命為何？』」此道理古今中外概莫能外，順之則昌，逆之則亡。現代文明國家，人民可用選票決定執政黨連任與否，而對於獨裁國家，唯有用不合作運動甚至武裝革命將其推翻，這理古今如一。

生棟覆屋[1]，怨怒不及；弱子下瓦[2]，慈母操箠[3]。天道之極[4]，遠者自親；人事之起，近親造怨。萬物之於人也，無私近也，無私遠也。巧者有餘，而拙者不足。其功順天者天助之，其功逆天者天違之。天之所助，雖小必大；天之所違，雖成必敗。順天者有其功，逆天者懷其凶[5]，不可復振也。烏鳥之狡[6]，雖善不親。不重之結[7]，雖固必解。道之用也，貴其重也。毋與不可[8]，毋強不能，毋告不知。與不可，強不能，告不知，謂之勞而無功。見與之交[9]，幾於不親；見哀之役，幾於不結；見施之德，幾於不報。四方所歸，心行者也。獨王之國[10]，勞而多禍；獨國之君，卑而不威；自媒之女，醜而不信[11]。未之見而親焉，可以往矣；久而不忘焉，可以來矣。日月不明，天不易也；山高而不見，地不易也。言而不可復者，君不言也；行而不可再者，君不行也。凡言而不可復，行而不可再者，有國者之大禁也。

注釋

1 生棟：孫詒讓《絫迻．〈管子．形勢〉》：「生謂材尚新，未乾臘也。」可解作用新樹木製造之屋，經不起考驗。

2 弱子：幼兒。

3 箠：張衡《南都賦》：「其竹則篠簳、箛箠。」，即竹製之棍棒。

4 天道之極：處處順應天道到達極致。

5 懷：招致。凶：災禍。

6 狡：通假字，同「交」，交往，交結。

7 重：重複，再。

8 與：參與，輔助。

9 見：同「現」，顯示。

10 獨王：君王甚麼事都以一己之力為之。

11 醜：被人視為醜女，遭人恥笑。

譯文

用新伐的木材做屋樑而房子倒塌，誰也不怨恨木材；小孩子把屋瓦拆下來，慈母也會舉鞭打他。徹底奉行天道，疏遠的人也會親近；事起於人為，親近的人也要怨恨。萬物對於人來說，沒有遠近親疏之分，但靈巧的人用起來就有餘，愚笨的人用起來就不足。順從天道去做，天就幫助他；違背天道去做，天就遺棄他。天所幫助的，雖弱小必然壯大；天所遺棄的，雖成功必然失敗。順應天道的君主可以成就功業，違背天道的君主就要招致災禍，且無可挽救。烏鴉般的交誼，看着友善，其實並不親密；不重合的繩結，即使堅固，也一定鬆脫。所以，道的運用，貴在慎重。不要結交不該交往的人，不要勉強能力不夠的人，不要告訴不明事理的人。結交不該交往的人、勉強能力不夠的人、告訴不明事理的人，就叫作勞而無功。表面上顯示友好，將得不到親近；表面上顯示親愛，將得不到結交；表面上顯示恩惠，將得不到回報。只有真心實意實行大道的君主，四面八方的人才會歸附。獨斷專橫的國家，必然疲於奔命而禍事多端；獨斷專橫國家的君主，地位卑下，沒有威望。就像自己做媒的女子，丟醜而得不到信任。但對於尚未見面就令人仰慕的君主，可以去投奔；對於久別而令人難忘的君主，可以來輔佐。日月有不明的時候，但天不會變；山高有看不見的時候，但地不會變。不能重複說的話，君主就不應該說；不能重複做的事，君主就不應該做。凡是不能重複的話、不能重複的行為，都是君主最大的禁忌。

權修第三

本篇導讀——

本篇以「權修」為題，旨在論述加強君主統治的政策，圍繞「操民之命，朝不可以無政」這一中心，闡述了修重權力、鞏固政權、治國馭民的一系列措施。本篇認為修重權力的兩個主要基本點是重視農業生產以及統治百姓。就重農方面而言，主張致力於發展農業、充分開墾土地；禁止工商業的發展，反對工商業與農業「爭民」、「爭貨」、「爭貴」。統治百姓，主要有三方面：對於民力的使用，君主要愛民撫民、珍惜民力、取民有度、不奪民時；重視法度的作用，崇尚法治但同時也要慎用法度；教化百姓，要求推行禮義廉恥，強調從小事做起，防微杜漸，同時也論述了百年樹人的重要性和重要意義。本篇提出了許多積極有益的思想主張，這些主張延續千年，直至現代仍有重要意義。比如「其積多者其食多，其積寡者其食寡，無積者不食」的按勞分配思想，「一年之計莫如樹穀；十年之計莫如樹木；終身之計莫如樹人」的人才培養思想等等。

萬乘之國[1]，兵不可以無主；土地博大，野不可以無吏；百姓殷眾[2]，官不可以無長。操民之命，朝不可以無政。地博而國貧者，野不辟也；民眾而兵弱者，民無取也[3]。故末產不禁[4]，則野不辟。賞罰不信，則民無取。野不辟，民無取，外不可以應敵，內不可以固守。故曰有萬乘之號，而無千乘之用，而求權之無輕，不可得也。

注釋

1 萬乘：周制，天子之國為萬乘，即指一萬輛兵車，引申為大國。古代一車四馬為一乘。

2 殷：同「盈」，可解作眾多。

3 取：讀作「趣」，督促，促進。

4 末產：指與奢侈品相關的工商業，古代以農業為根本，所以稱工商業為末產。

譯文

擁有萬輛兵車的大國，軍隊不可以沒有統帥；土地廣闊，農田不可以沒有官吏；人口眾多，官府不可以沒有首長；掌握着百姓的命運，朝廷不可無政令。土地廣闊而國家貧窮，是因為土地沒有開闢；百姓眾多而兵力薄弱，是因為百姓缺乏督促。所以，不禁止與奢侈品相關的工商業，土地就不能開闢；不兑現賞罰，百姓就缺乏督促。土地沒有開闢，百姓缺乏督促，對外就不能抵禦敵人，對內就不能固守國土。所以說，空有萬輛兵車的大國虛名，而沒有千輛兵車的實力，還想君主權力不受削弱，那是不可能的。

賞析與點評

本段大講中央集權的重要性，為君主專政的經典論述。故歷來不少人把本書視為傾向法家的作品。必須要承認，集權能使效率大大提升，在非常時期尤其顯著，例如在戰爭中頒行戰事法例便屬此例。故中國歷史的政權，愈後代愈集權，漢代或以前的君主與臣子大多可坐而論道，陳壽在《三國志・魏書・任蘇杜鄭倉傳》載名臣杜畿言：「古之三公，坐而論道，內職大臣，納言補闕，無善不紀，無過不舉。」然而，到了唐宋時代，臣子一般只能站着討論，而到了明清之世，往往以跪相對，此因隨着社會事務日益複雜，執政機器就愈來愈專權。

漢初立左右二相，後普遍為一相制，到了唐代入政事堂者亦稱為相，人員為數人至十多人不等，宋代更把相權分割，成立樞密院另掌軍事，又有三司處理財政。明洪武十三年正月癸卯，詔書編之祖訓，略云：「自古三公論道，六卿分職，不聞設立丞相。自秦始置丞相，不旋踵而亡。漢、唐、宋雖多賢相，然其中多少人，專權亂政。今罷丞相，設五府、六部、都察院、通政司、大理寺等衙門，分理天下庶務，事皆朝廷總之。以後嗣君，毋得議置丞相，臣下敢以此請者，置之重典。」（《明太祖實錄》）明太祖為了集權，就索性把宰相制廢除。相權歷來被視為皇權的制衡，其為官制度的代表，也是讀書人的首領，皇權愈高，相權就愈低落，皇帝意志的阻力愈小。此足見中國歷史是愈來愈專權。

唯在當代社會，我們不難發現集權的弊處是效率雖高，但監察乏力，這就給行權者弄虛作假的機會，欺壓少數的不義之事也因而叢生。故現代人無不視分權治之為最理想的社會制度。

地辟而國貧者，舟輿飾[1]，臺榭廣也[2]。賞罰信而兵弱者，輕用眾[3]，使民勞也。舟車飾，臺榭廣，則賦斂厚矣[4]；輕用眾，使民勞，則民力竭矣。賦斂厚，則下怨上矣；民力竭，則令不行矣。下怨上，令不行，而求敵之勿謀己，不可得也。

注釋

1 舟輿：船和車。飾：裝飾。指過分裝飾美化。

2 榭：(粵音：ZE6)：建在高臺上的廳堂。

3 輕用眾：輕易興師動眾。

4 賦斂：賦稅，雜稅。

譯文

土地開墾了，國家仍然貧窮，是君主的舟車過於豪華、樓臺亭閣過多的緣故。賞罰信實而兵力仍然薄弱，是輕易興師動眾、使民過度勞苦的緣故。因為，舟車豪華，樓臺亭閣過多，就會使賦稅繁重；輕易興師動眾，使民過度勞苦，就會造成民力枯竭。賦稅繁重百姓就會怨恨君主，民力枯竭政令就無法推行。百姓怨恨，政令不行，而求敵國不來侵略，是不可能的。

欲為天下者[1]，必重用其國；欲為其國者，必重用其民；欲為其民者，必重盡其民力。無以畜之，則往而不可止也；無以牧之，則處而不可使也。遠人至而不去，則有以畜之也；民眾而可一，則有以牧之也。見其可也，喜之有徵[2]；見其不可也，惡之有刑[3]。賞罰信於其所見，雖其所不見，其敢為之乎？見其可也，喜之無徵；見其不可也，惡之無刑。賞罰不信於其所見，而求其所不見之為之化[4]，不可得也。厚愛利，足以親之；明智禮，足以教之。上身服以先之，審度量以閒之[5]，鄉置師以說道之[6]。然後申之以憲令，勸之以慶賞[7]，振之以刑罰[8]，故百姓皆說為善[9]，則暴亂之行無由至矣。

注釋

1 為天下：爭奪天下之意。後文「為」乃「治理」之意。

2 有徵：有所表現、徵驗，指實際的獎賞。

3 刑：通假字，同「形」，顯露，指實際的懲罰。

4 化：感化。

5 審：明確。度量：長短、多少的標準，引申為法規、制度。閒：用於遮攔阻隔的柵欄，引申為防範。

6 師：古有「以吏為師」，和「吏」同意，即負責宣教的官員。道：同「導」。

7 勸：勉勵，激勵。

8 振：通假字，同「震」，震懾。

9 說：通假字，同「悅」，高興。

譯文

要想奪取天下，必須慎重使用國力；要想治理好國家，必須慎重對待百姓；要想管理好百姓，必須慎重使用他們的財力和勞力。君主養不活百姓，百姓就要外逃而不能阻止；管理不好百姓，百姓即使留下來也不會聽從政令。遠方的百姓來投奔而不離去，是因為君主能養活他們；人口眾多而能齊心協力，是因為君主管理有方。發現百姓的功勞，表達喜悅就要有實際獎賞；發現百姓的過錯，表達厭惡要有實際懲罰。對發現的功過賞罰分明，即使還有沒為人發現的，百姓還敢胡作非為嗎？如果發現了功勞不獎賞，發現了過錯不懲罰，對所見的功過都不賞罰分明，要想讓所見不到的受感化，那是不可能的。君主能夠付出慈愛厚利，就可以親近百姓，申明知識禮節，就可以教化百姓。君主要以身作則來引導百姓，審定制度來防範百姓，設置鄉長來指導百姓。然後再用法令加以約束，用獎賞加以鼓勵，用刑罰加以威懾。這樣，當百姓都以行善為樂的時候，暴亂的行為便無從滋生了。

賞析與點評

本段指出，若執政者養不活百姓，百姓就會想盡辦法移居他處；未能為人民提供安穩及有尊嚴的生活，國內的人民也不會聽從政令。反之，國家豐足，外地人會千方百計遷入其國，以此來衡量執政者的治國水平是最簡單直接的方法。移出之國，即下品之國；移入之國，即上品之國。二千年前的學人已認識此點，人民既然不能自由地發聲，只得用腳投票。即使是以勇武見稱的元代政權，其大臣燕鐵木兒也知道：「人心嚮背之機，間不容髮，一或失之，噬臍無及。」（《元史．文宗本紀》）足見此乃千古不易之鐵律。

地之生財有時，民之用力有倦，而人君之欲無窮，以有時與有倦，養無窮之君，而度量不生於其間，則上下相疾也[1]。是以臣有殺其君，子有殺其父者矣。故取於民有度，用之有止，國雖小必安；取於民無度，用之不止，國雖大必危。

注釋

1 疾：怨恨，相互仇視。

譯文

土地生產財物受時令的限制，百姓使用勞力有疲倦的時候，但君主的欲望則是無止境的。以有時令限制的土地和有疲倦之時的百姓來供養欲望無窮的君主，如果沒有節制，那麼君主和百姓就會互相怨恨。於是臣殺君、子殺父的現象無日無之。因此，君主徵斂財富要有限度，使用民力要有止境，這樣的話，國家雖小也一定安寧；如果橫徵暴斂沒有限度，濫用民力沒有止境，國家雖大也一定滅亡。

地之不辟者，非吾地也。民之不牧者，非吾民也。凡牧民者，以其所積者食之[1]，不可不審也。其積多者其食多，其積寡者其食寡，無積者不食。或有積而不食者，則民離上；有積多而食寡者，則民不力；有積寡而食多者，則民多詐；有無積而徒食者，則民偷幸[2]。故離上、不力、多詐、偷幸，舉事不成，應敵不用。故曰，察能授官，班祿賜予[3]，使民之機也[4]。

注釋

1 積：通假字，同「績」，功勞，勞績。食：給予俸祿。

2 偷幸：苟且僥倖。

3 班祿：班位和俸祿，俸祿是官吏士兵的工資。

4 機：關鍵，要領。

譯文

土地沒有得到開墾，就等於不是自己的土地。百姓沒有受人治理，就等於不是自己的百姓。凡是治理百姓，要根據功勞大小給予俸祿，這不能不慎重。功勞大的俸祿就多，功勞小的俸祿就少，沒有功勞的就沒有俸祿。如果有功勞而沒有俸祿，百姓就離心離德；功勞多而俸祿少，百姓就消極怠工；功勞少而俸祿多，百姓就弄虛作假；無功勞而空得俸祿，百姓就投機取巧。凡是離心離德、消極怠工、弄虛作假、投機取巧的，做事就不會成功，抗敵也不會取勝。所以說，根據人的能力授予官職，按照功勞大小賜予班位和俸祿，這是治理百姓的關鍵。

野與市爭民[1]，家與府爭貨[2]，金與粟爭貴[3]，鄉與朝爭治。故野不積草，農事先也；府不積貨，藏於民也；市不成肆[4]，家用足也；朝不合眾，鄉分治也。故

野不積草，府不積貨，市不成肆，朝不合眾，治之至也！人情不二，故民情可得而御也。審其所好惡，則其長短可知也；觀其交遊，則其賢不肖可察也。二者不失，則民能可得而官也[5]。

注釋

1 野：農田，此處指農業。市：市場，此處指工商業。爭民：爭奪勞動力。

2 家：民家。

3 金：貨幣。粟：小米，古人的主要糧食。

4 肆：《詩經．大雅》：「肆筵設席。」肆者，陳設之意。此引申為市場買賣店鋪林立的狀況。

5 官：通假字，同「管」，管理。

譯文

農田與市場爭奪勞力，民家與官府爭奪財貨，貨幣與糧食爭奪貴賤，地方與朝廷爭奪治理。所以，要想讓田野不積雜草，就應把農業放在首位；要想讓官府不積財貨，就應把財富藏於民間；要想不讓市場店鋪林立，就需要做到家用自足；要想讓朝廷不聚眾議事，就需要做到分權到鄉。田野無雜草，官府無積貨，市場無店舖林立，朝廷不聚眾議事，這些都是治國的最高水準。人的本性沒有甚麼兩樣，所以，百姓的真實情況是可以掌握的。考察他們的喜好憎惡，就可以知道他們的長處和短處；觀察他們的交往對象，就能判斷他們是賢明還是無能。把握住這兩點，就能夠對百姓進行管理了。

賞析與點評

「藏富於民，於民藏富。」（《清史稿·樂志》）是歷來知識分子對政府的合理期望，且歷史上的盛世皆是人民富足，而非國家財厚。反之，與民爭利，被士人視之為不義之舉。漢代的董仲舒一針見血地指出某些在位者：「身寵而載高位，家溫而食厚祿，因乘富貴之資力，以與民爭利於下，民安能如之哉！……富者奢侈羨溢，貧者窮急愁苦；窮急愁苦而上不救，則民不樂生；民不樂生，尚不避死，安能避罪！」（《漢書·董仲舒傳》）漢武帝好大喜功，對外用兵，對內爭利，《漢書》就記載了武帝時三次「關東郡國十餘饑，人相食」的慘況，人民最後竟要相食而死，此是漢興以來前所未見的。

總之，國富民安，才能稱為盛世；國富民窮，最後只會導致民變，這是官與民爭利的惡果。要令人民生活安定，就不能讓國庫有過多的儲備，此與現代的新自由主義者的主張大同小異，他們主張在盈餘時應以退稅的方法還富於民。不論以左派還是以右派自居，不是要扶貧，就是要退稅，反正在大量儲備下就不應作近千億的盈餘預算，即使不是赤字預計，也應作平衡預算。

地之守在城，城之守在兵，兵之守在人，人之守在粟。故地不辟，則城不固。有身不治，奚待於人[1]？有人不治，奚待於家？有家不治，奚待於鄉？有鄉不治，奚待於國？有國不治，奚待於天下？天下者，國之本也[2]；國者，鄉之本也；鄉者，家之本也；家者，人之本也；人者，身之本也；身者，治之本也。故上不好本事，則末產不禁；末產不禁，則民緩於時事而輕地利[3]。輕地利，而求田野之辟，倉廩之實，不可得也。

注釋

1 待：對待，對付，引申為治理。

2 之：同「是」，下五句意同。

3 時事：農作的時日和農事。

譯文

國土的保障在於城池，城池的保障在於軍隊，軍隊的保障在人，而養活人的關鍵在於糧食。因此，土地不開闢，就會造成城池不堅固。君主不能治理自身，怎麼能治理別人？不能治人，怎能治家？不能治家，怎能治鄉？不能治鄉，怎能治國？不能治國，怎能治理天下？而天下又是以國為根本，國以鄉為根本，鄉以家為根本，家以人為根本，人以自身為根本，自身又以治世之道為根本。所以，君主若不重視農業，工商末業就不能禁止；工商末業不能禁止，百姓就會延誤農作的時日和農事，輕視土地收益。在輕視土地收益的情況下，指望田野開闢、糧食富餘，那是辦不到的。

商賈在朝，則貨財上流[1]；婦言人事[2]，則賞罰不信；男女無別，則民無廉恥。貨財上流，賞罰不信，民無廉恥，而求百姓之安難[3]，兵士之死節[4]，不可得也。朝廷不肅，貴賤不明，長幼不分，度量不審，衣服無等[5]，上下凌節[6]，而求百姓之尊主政令，不可得也。上好詐謀閒欺，臣下賦斂競得，使民偷壹[7]，則百姓疾怨，而求下之親上，不可得也。有地不務本事，君國不能壹民[8]，而求宗廟社稷之無危，不可得也。

注釋

1 上流：指賄賂。貨財上流，指通過賄賂使財貨流入朝廷或官僚手中。

2 婦言人事：當作「婦人言事」。此指后妃干政。

3 安難：安於患難。

4 死節：為國家獻身的情操。

5 衣服：衣，衣服；服，衣服上的各種裝飾佩戴。不同階層有不同衣着，此指身份等級。

6 凌節：超越規範。

7 偷壹：偷取一時之快，不從長遠打算。

8 君國：統治國家。壹民：統一百姓。

譯文

商賈在朝中掌權，財貨就會通過賄賂流入官宦手中；后妃參與政事，賞功罰過就不會信實嚴明；男女沒有界限，百姓就會不知廉恥。財貨流入官宦手中，賞罰不信實嚴明，百姓沒有廉恥之心，而要求百姓忍辱負重，兵士視死如歸，是辦不到的。朝廷不整肅，貴賤無區別，長幼不分別，制度不明確，服飾無等級，上下無禮節，而想要讓百姓尊重君主的政令，是辦不到的。君主好搞陰謀欺詐，官吏就爭相橫徵暴斂，奴役百姓只貪圖一時之快，以致百姓怨恨，而想要讓百姓親近君主，是不可能的。擁有土地而不注重農業，統治國家而不能統一號令百姓，而想要求得國家不發生危機，是辦不到的。

上恃龜筮[1]，好用巫醫，則鬼神驟祟[2]。故功之不立，名之不章[3]，為之患者三：有獨王者、有貧賤者、有日不足者。一年之計，莫如樹穀[4]；十年之計，莫如樹木；終身之計，莫如樹人。一樹一穫者，穀也；一樹十穫者，木也；一樹百穫者，人也。我苟種之[5]，如神用之。舉事如神，唯王之門。

注釋

1 龜筮：古人占卜用的龜甲和蓍草，指占卜。

2 驟：數，經常。祟：作怪。

3 章：通假字，同「彰」。

4 樹：培養，種植。

5 苟：如果。種之：指培育人材。

譯文

君主做事好求神問卜，任用巫鬼人員，那麼鬼神一定經常作怪。身為一國之君，功業不成，聲名不顯，將造成以下三種禍患：孤立無援，貧窮卑賤，可能入不敷出。作一年的打算，最好種植五穀；作十年的打算，最好種植樹木；作終身的打算，最好培養人材。一種一收的，是種穀物；一種十收的，是種樹木；一種百收的，是培養人材。如果我們注重培養人材，就能收到神奇的效用，迅速成就帝王之業，這是必需的治國之策。

凡牧民者，使士無邪行，女無淫事。士無邪行，教也；女無淫事，訓也。教訓成俗而刑罰省，數也[1]。凡牧民者，欲民之正也；欲民之正，則微邪不可不禁也。微邪者，大邪之所生也。微邪不禁，而求大邪之無傷國，不可得也。凡牧民者，欲民之有禮也；欲民之有禮，則小禮不可不謹也；小禮不謹於國，而求百姓之行大禮，不可得也。凡牧民者，欲民之有義也；欲民之有義，則小義不可不行；小義不行於國，而求百姓之行大義，不可得也。凡牧民者，欲民之有廉也；欲民之有廉，則小廉不可不修也；小廉不修於國，而求百姓之行大廉，不可得也。凡牧民者，欲民之有恥也；欲民之有恥，則小恥不可不飾也；小恥不飾於國，而求百姓之行大恥，不可得也。凡牧民者，欲民之修小禮、行小義、飾小廉、謹小恥、禁微邪，此厲民之道也[2]。民之修小禮、行小義、飾小廉、謹小恥、禁微邪，治之本也。

注釋

1 數：指規律，自然之理。

2 厲：通假字，同「勵」，勉勵，勸勉，引申為教育。

譯文

凡是治理百姓的人，要使男人不去做壞事，要使女人不去淫亂。使男人不做壞事，要靠教育；使女人不去淫亂，要靠訓導。教育訓導形成約定俗成的風氣，刑罰就會減少，這是自然而然的道理。凡是治理百姓的人，都要求百姓走正道。

要求百姓走正道，就不能不禁止微小的惡行。小的惡行是大的惡行應運而生的根源。不禁止小的惡行而指望大的惡行不危害國家，是辦不到的。凡是治理百姓的人，都要求百姓遵守禮節。要想有禮，就不可不重視小禮。在國內不重視小禮，而要求百姓能遵守大禮，是辦不到的。凡是治理百姓的人，都要求百姓懂得義理。要想讓百姓懂得義理，就不可不實行小義。在國內不行小義，而要求百姓能懂大義，是辦不到的。凡是治理百姓的人，都要求百姓清廉。想讓百姓清廉，就不可不重視小廉。在國內不重視小廉，而要求百姓奉行大廉，是辦不到的。凡是治理百姓的人，都要求百姓有羞恥心。想讓百姓有羞恥心，就不可不整頓小恥。在國內不整頓小恥，而要求百姓能知曉大恥，是辦不到的。凡是治理百姓的人，要求百姓修養小禮、奉行小義、遵守小廉、謹防小恥、禁止小惡，這都是教育百姓的根本辦法。使百姓能夠做到修養小禮、奉行小義、遵守小廉、謹防小恥、禁止小惡，這正是治國的根本。

凡牧民者，欲民之可御也[1]；欲民之可御，則法不可不審。法者，將立朝廷者也；將立朝廷者，則爵服不可不貴也[2]。爵服加於不義，則民賤其爵服；民賤

其爵服，則人主不尊；人主不尊，則令不行矣。法者，將用民力者也；將用民力者，則祿賞不可不重也。祿賞加於無功，則民輕其祿賞；民輕其祿賞，則上無以勸民；上無以勸民，則令不行矣。法者，將用民能者也；將用民能者，則授官不可不審也。授官不審，則民閒其治；民閒其治[3]，則理不上通；理不上通，則下怨其上；下怨其上，則令不行矣。法者，將用民之死命者也；用民之死命者，則刑罰不可不審。刑罰不審，則有辟就[4]；有辟就，則殺不辜而赦有罪；殺不辜而赦有罪，則國不免於賊臣矣！故夫爵服賤、祿賞輕、民閒其治、賊臣首難[5]，此謂敗國之教也。

注釋

1 御：甲骨文中是左「行」右「人」，意為人握轡行於道中，即駕駛車馬。此引申為統治。

2 爵服：爵位及相應的服飾。

3 閒：非議，反對。

4 辟：通假字，同「避」，迴避，躲讓。就：遷就，治罪。

5 首難：首先發難，帶頭作亂。

譯文

凡是治理百姓的人，都要求百姓服從統治。要百姓服從統治，就不可不重視法度。法度，是朝廷權威的保障。要建立朝廷權威，就不可不重視爵位和服飾等級。如果把爵服授給不義的人，百姓就輕視爵服；百姓輕視爵服，君主的地位就不尊貴；君主地位不尊貴，政令就難以推行。法度，是用來驅使百姓的。驅使百姓，就不可不重視俸祿和獎賞。如果把祿賞授給沒有功績的人，百姓就輕視祿賞；百姓輕視祿賞，君主就無法勸勉百姓；君主無法勸勉百姓，政令就難以推行。法度，是用來使用百姓才能的。使用百姓才能，就不可不慎重授予官職。如果授予官職不慎重，百姓就反對朝廷的統治；百姓反對朝廷的統治，民意不能上達；民意不能上達，百姓就怨恨君主；百姓怨恨君主，政令就難以推行。法度，是用來決定百姓生死的。決定百姓生死；就不可不審慎使用刑罰。如果刑罰不審慎，就會有人逃罪有人蒙冤；有人逃罪蒙冤，就會出現無辜者被殺、有罪者免刑的現象；無辜者被殺、有罪者免刑，國家就難免奸臣當道了。所以，爵服遭人鄙視，祿賞遭人輕視，百姓反對統治，奸臣發動叛亂，這些都是亡國的教訓。

賞析與點評

傳統中國文化素來注重威權，故古人所講的法治，往往是指「以法治之」，即利用法律實踐統治者的意志，而非與今人所講法治（rule of law）相通。今之法治是指法律凌駕於統治者之上，司法必須獨立，且講究「天賦公正原則」（principles of natural justice），即法律面前，人人平等。現代人普遍相信法是維護自由、平等等天賦人權的重要手段，古人則認為法是維持統治的工具。所以，講法治的時候，要分清楚是哪一種法。

立政第四

本篇導讀——

立政即執政。本篇闡述了君主執政的一系列重大問題，分九個專題進行論述，即三本、四固、五事、首憲、首事、省官、服制、九敗、七觀。本篇認為國家治亂安危的根源在於用人是否得當、群臣是否有德行操守；認為國家的貧富在於農業種植和家禽蓄養是否得到發展；此外，強調了依法辦事、節約資源、服飾制度、社會風氣、教化臣民對鞏固國家政權的重要作用。本篇論述內容全面細緻，可以說是一篇較為完整的執政綱領。

國之所以治亂者三，殺戮刑罰，不足用也。國之所以安危者四，城郭險阻，不足守也。國之所以富貧者五，輕稅租，薄賦斂，不足恃也。治國有三本，而安國有四固，而富國有五事。五事，五經也。

譯文

決定國家治亂興亡有三個原因，只靠殺戮刑罰是不能解決問題的。決定國家安定危亡有四個原因，只靠城郭險阻是不能固守的。決定國家貧困富裕有五個原因，輕傜薄賦是不可靠的。這就是說，治理國家有「三本」，安定國家有「四固」，而富國則有「五事」，這五事就是五項綱領性措施。

君之所審者三：一曰德不當其位，二曰功不當其祿，三曰能不當其官。此三本者，治亂之原也。故國有德義未明於朝者，則不可加以尊位；功力未見於國者，則不可授以重祿；臨事不信於民者，則不可使任大官。故德厚而位卑者，謂之過；德薄而位尊者，謂之失。寧過於君子，而毋失於小人。過於君子，其為怨淺；失於小人，其為禍深。是故國有德義未明於朝而處尊位者，則良臣不進；有功力未見於國而有重祿者，則勞臣不勸；有臨事不信於民而任大官者，則材臣不用。三本者審，則下不敢求；三本者不審，則邪臣上通，而便辟制威[1]。如此，則明塞於上，而治壅於下，正道捐棄，而邪事日長。三本者審，則便辟無威於國，道塗無行禽[2]，疏遠無蔽獄[3]，孤寡無隱治[4]。故曰，刑省治寡，朝不合眾。

右「三本」。

注釋

1 便辟：《論語．季氏》：「益者三友，損者三友。友直、友諒、友多聞，益矣；友便辟、友善柔、友便佞，損矣。」意為靠阿諛奉承得寵於君主的佞臣。便，善於花言巧語取媚的人。辟，通「嬖」，君王寵愛的人。制威：專權。

2 塗：通假字，同「途」，道路。禽：通「擒」，指囚犯。

3 蔽獄：冤獄。

4 隱治：苦痛的政治遭遇。

譯文

君主需要慎重對待的有三點：一是德行與權位不相稱，二是功勞與俸祿不相稱，三是能力與官職不相稱。這三個根本問題是國家治亂的根源。所以，對於德行沒有顯露於朝廷的人，不可授予尊貴的爵位；對於功勞沒有表現於全國的人，不可予以優厚的俸祿；對於主持政事沒有取信於百姓的人，不能讓他做大官。所以，對德行深厚的人授予低微的爵位，叫作過錯；對德行淺薄的人授予尊貴的爵位，叫作失誤。寧可對君子有過錯，也不能對小人有失誤。對君子有過錯，怨怒微不足道；對小人有失誤，禍患深不可測。因此，如果有德行沒有顯露於朝廷而身居高位的人，賢良的大臣就得不到重用；如果有功勞沒有表現於全國而享有豐厚俸祿的人，勤奮的大臣就不會勸勉；如果有執政並未取信於百姓而做了大官的人，有才能的大臣就不會盡心盡力。只有慎重對待這三個根本問題，臣下才不敢妄求官祿。否則，就會奸臣當道，佞臣專權。這樣，上層清明的政治就會受到堵塞，下層的治理就會受阻塞，正道就會遭拋棄，邪惡的事就會日益滋長。如果慎重處理這三個基本問題，君主寵佞的小臣就不會專權，道路上看不到在押的犯人，疏遠的人不受冤獄之害，孤寡無親的人也沒有苦痛。所以說：刑罰減少，政務精簡，朝廷都無需召集群臣議事了。

以上是「三本」。

賞析與點評

在位者用人是否恰當，是傳統中國政治思想中最為重視的一點，反映了中國文化中重人治的一面，人們都渴望由聖人選用賢人治國，則天下大治。「賢人政治」（philosopher politics）此詞本出於古希臘的哲王思想，渴求由賢人治國，此與中國傳統文化的主流價值相符，即百姓希望官員的德行與權位相稱，功勞與俸祿掛鉤，能力與官職相符。此與《荀子．君道篇第十二》所說的大同小異：「法者，治之端也；君子者，法之原也。故有君子，則法雖省，足以遍矣；無君子，則法雖具，失先後之施，不能應事之變，足以亂矣。」但是，傳統文化甚少探討如何確保執政者是聖人，他選用的官員是賢者。在此文化下，賢人的出現不過是偶然的結果，因為我們無法確保有權者如何選擇執法者。現代文明則重制度多於人事，以補救人治的不足，因為只有合理的制度才可保障官員真正為人民服務。

君之所慎者四：一曰大德不至仁[1]，不可以授國柄。二曰見賢不能讓，不可與尊位。三曰罰避親貴，不可使主兵。四曰不好本事，不務地利而輕賦斂，不可與都邑[2]。此四務者，安危之本也。故曰：卿相不得眾，國之危也；大臣不和同，國之危也；兵主不足畏，國之危也；民不懷其產，國之危也。故大德至仁，則操國得眾；見賢能讓，則大臣和同；罰不避親貴，則威行於鄰敵；好本事，務地利，重賦斂，則民懷其產。

右「四固」。

注釋

1 大：推崇，尊崇。

2 都邑：泛指城鎮。都，古代劃分行政區域，周代以四邑為丘，四丘為甸，四甸為縣，四縣為都。邑，本義是用土牆圍起的城防。

譯文

君主應當慎重對待的有四個方面：一是對於崇尚道德而不能真正做到仁的人，不可以授予國家大權；二是對於發現賢能而不能讓位的人，不可以授予尊貴爵位；三是對於施加刑罰迴避親貴的人，不可以讓他統帥軍隊；四是對於不重視農業和地利，而輕易課取賦稅的人，不可以讓他做地方官。堅守這四個原則是國家安危的根本。所以說，卿相得不到民眾的擁護，是國家的危害；大臣不協力同心，是國家的危害；軍隊統帥沒有威望，是國家的危害；百姓不懷戀自己的田產，是國家的危害。因此，崇尚道德而能真正做到仁，就能勝任國事掌握民心；發現賢能就要辭讓，就能使大臣協力同心；施加刑罰不避親貴，就能威震鄰敵；重視農業、注重地利，而不輕易課税，百姓就能安心致力於生產。

以上是「四固」。

君之所務者五：一曰山澤不救於火[1]，草木不殖成，國之貧也。二曰溝瀆不遂於隘[2]，障水不安其藏[3]，國之貧也。三曰桑麻不殖於野，五穀不宜其地，國之貧也。四曰六畜不育於家，瓜瓠葷菜百果不備具[4]，國之貧也。五曰工事競於刻鏤[5]，女事繁於文章[6]，國之貧也。故曰：山澤救於火，草木殖成，國之富也。溝瀆遂於隘，障水安其藏，國之富也。桑麻殖於野，五穀宜其地，國之富也。六畜育於家，瓜瓠葷菜百果備具，國之富也。工事無刻鏤，女事無文章，國之富也。

右「五事」。

注釋

1 救：救止，引申為防止。

2 **溝瀆**：小溝渠。**遂**：通，暢通。

3 **障水**：用堤壩、塘堰之類堵住的水。**藏**：貯藏，儲存。

4 **瓠**（粵：戶；普：hù）：瓠瓜，葫蘆類瓜菜。**葷**：蔥蒜之類有特殊氣味的蔬菜。

5 **工事**：手工技藝之事。**刻鏤**：雕刻，鏤空。

6 **女事**：《周禮・地官・閭師》：「任牧以畜事，貢鳥獸；任嬪以女事，貢布帛。」意為女紅針黹之事。**文章**：服裝上的紋樣圖案。

譯文

君主必須注意解決的問題有五個：一是山澤不能免於火災，草木不能繁殖成長，國家就會貧窮；二是溝渠不能通暢，堤壩中的水不穩固，國家就會貧窮；三是田野不種植桑麻，五穀種植沒有因地制宜，國家就會貧窮；四是家中不養六畜，不種植蔬菜瓜果，國家就會貧窮；五是工匠攀比雕琢，女紅也力求紋樣圖案，國家就會貧窮。所以，山澤能防止火災，草木繁殖生長，國家就會富足；溝渠通暢，堤壩能防水患，國家就會富足；田野種植桑麻，五穀種植於合適的土壤，國家就會富足；家家飼養六畜，蔬菜瓜果百類俱全，國家就會富足；工匠不過分雕琢，女紅也不求紋樣圖案，國家就會富足。

以上是「五事」。

分國以為五鄉，鄉為之師；分鄉以為五州，州為之長；分州以為十里，里為之尉；分里以為十游，游為之宗。十家為什，五家為伍，什伍皆有長焉。築障塞匿[1]，一道路，博出入[2]，審閭閈[3]，慎筦鍵，筦藏於里尉，置閭有司[4]，以時開閉。閭有司觀出入者，以復於里尉。凡出入不時，衣服不中，圈屬群徒[5]，不順於常者，閭有司見之，復無時[6]。若在長家子弟、臣妾、屬役、賓客，則里尉以譙於游宗[7]，游宗以譙於什伍，什伍以譙於長家，譙敬而勿復[8]。一再則宥[9]，三則不赦。凡孝悌忠信、賢良俊材，若在長家子弟、臣妾、屬役、賓客，則什伍以復於游宗，游宗以復於里尉，里尉以復於州長，州長以計於鄉師，鄉師以著於士師[10]。凡過黨[11]，其在家屬，及於長家；其在長家，及於什伍之長；其在什伍之長，及於游宗；其在游宗，及於里尉；其在里尉，及於州長；其在州長，及於鄉師；其在鄉師，及於士師。三月一復，六月一計，十二月一著。凡上賢不過等，使能不兼官，罰有罪不獨及，賞有功不專與。

注釋

1 匿：指圍牆上的缺口。

2 博：當為「摶」，專一。

3 閭閈（粵：汗；普：hàn）：里巷的門，藉指街坊、里巷。

4 閭有司：有司，指官員；此指管理里門的小吏。

5 圈屬群徒：指里內居民及外人常住本里的人。圈，同「眷」。

6 復：回覆，回報。復無時：隨時報告。

7 譙：《韓非子・五蠹》：「今有不才之子，父母怒之弗為改，鄉人譙之弗為動。」通「誚」，責備，訓斥。

8 敬：通「儆」，儆戒，引申為改正。

9 宥：《說文》：「寬也。」寬恕。《左傳・莊公二十二年》：「幸若獲宥，及其寬政。」晉杜預注：「宥，赦也。」

10 著：登記。士師：主管刑賞的官員。

11 過黨：犯有罪過的徒黨。

譯文

把都城分為五個鄉，鄉設鄉師。把鄉分為五個州，州設州長。把州分成十個里，里設里尉。把里分為十個游，游設游宗。十家為一什，五家為一伍；什和伍都設什長和伍長。要修築圍牆，堵塞缺口，統一道路，專設出口，細心看管里門，注意關門，鑰匙由里尉掌管。任命「閭有司」，按時開閉里門。閭有司要負責觀察出入的人，向里尉報告情況。凡是進出不按時辰，穿戴不合時宜，家眷親屬及其他人中不合常規的，閭有司一旦發現，就要隨時上報。如果本里家長的子弟、臣妾、屬役和賓客出現了問題，里尉就要訓斥游宗，游宗要訓斥什長、伍長，什長、伍長要訓斥家長。只警告訓斥而不必上報，初犯、再犯可以寬恕，第三次就不能赦免了。凡發現有孝悌、忠信、賢良和優秀的人材，如果出在本里家長的子弟、臣妾、僕役和賓客，就要逐級由什長、伍長上報游宗，游宗上報里尉，里尉上報州長，州長再彙總上報鄉師，鄉師最後登記上報到士師。凡是有罪的人，如果是家長的親屬，就要連帶家長；如果是家長，就要連帶什長、伍長；如果是什長、伍長，就要連帶游宗；如果是游宗，就要連帶里尉；如果是里尉，就要連帶州長；如果是州長，就要連帶鄉師；如果是鄉師，就要連帶士師。每隔三個月上報一次，每隔六個月彙總一次，每年年終都要登記備案。凡推舉賢才都不可越級，使用能臣都不可兼職；懲罰犯罪不能僅涉及罪犯本人；賞賜有功不能只涉及功臣本人。

孟春之朝，君自聽朝，論爵賞、校官，終五日。季冬之夕，君自聽朝，論罰罪、刑殺，亦終五日。正月之朔，百吏在朝，君乃出令，布憲於國。五鄉之師、五屬大夫，皆受憲於太史。大朝之日，五鄉之師、五屬大夫[1]，皆身習憲於君前。太史既布憲，入籍於太府，憲籍分於君前。五鄉之師出朝，遂於鄉官，致於鄉屬，及於游宗，皆受憲。憲既布，乃反致令焉[2]，然後敢就舍；憲未布，令未致，不敢就舍；就舍，謂之留令，罪死不赦。五屬大夫，皆以行車朝，出朝不敢就舍，遂行。至都之日，遂於廟，致屬吏，皆受憲。憲既布，乃發使者致令，以布憲之日，蚤晏之時。憲既布，使者以發，然後敢就舍；憲未布，使者未發，不敢就舍；就舍，謂之留令，罪死不赦。憲既布，有不行憲者，謂之不從令，罪死不赦。考憲而有不合於太府之籍者，侈曰專制[3]，不足曰虧令，罪死不赦。首憲既布，然後可以布憲。

右「首憲」。

注釋

1 五屬：管仲所制定的行政單位。五屬為四萬五千家，置大夫一人。國都分為五鄉，其外分為五屬。

2 致令：交回君令，即事後彙報。

3 侈：多餘，指法律內容增多。

譯文

自立春開始，君主要親自臨朝聽政，評定爵賞，考核官吏，一共用五天時間。冬末之季，君主也要臨朝聽政，論定罰、罪、刑、殺，也用五天。正月初一，百官在朝，君主向全國發佈法令。五鄉鄉師和五屬大夫都在太史那裏領受法令典籍。等到上朝之日，五鄉鄉師和五屬大夫都要在君主面前學習法令。太史宣佈完法令，將底本存入太府，在君主面前把法令典籍分發下去。五鄉鄉師出朝後，就到鄉辦事處召集本鄉所屬官吏，游宗以上的官員必須同來領受法令。法令公佈完畢，要及時彙報，然後回家。法令沒有公佈，報告沒有交回，就不能回家。否則就叫作「滯留法令」，那是死罪不赦的。五屬大夫都乘車來朝，出朝後也不能回家，需要日夜兼程往回趕。到達都邑當天，就在祖廟裏召集所屬官吏，一同來領受法令。法令公佈後，便派使者返回彙報，必須在宣佈法令當天就返回。法令公佈完，使者派出去，然後才能回家。法令沒有公佈，使者沒有派出，五屬大夫就不能回家。否則也叫「滯留法令」，死罪不赦。法令公佈後，有不執行的，叫作「不從令」，死罪不赦。檢查法令條文，有與太府所存底本不符的，有多餘的叫作「專制」，有不足的叫作「虧令」，也是死罪不赦。君主的首令頒佈以後，全國各地就可以執行了。

以上是「首憲」。

凡將舉事，令必先出。曰事將為，其賞罰之數，必先明之。立事者，謹守令以行賞罰，計事致令，復賞罰之所加。有不合於令之所謂者，雖有功利，則謂之專制，罪死不赦。首事既布，然後可以舉事。

右「首事」。

譯文

凡要成就事業，必須先制定法令。這就是說做事之前必須對有關的賞罰準則有所了解。負責人必須嚴格遵守法令進行賞罰，向君主上報的時候，必須彙報執行賞罰的情況。凡是辦事不合於法令要求的，即使事有成效，也叫「專制」，那是死罪不赦的。首先發佈的辦事法令頒佈以後，就可以遵照執行了。

以上是「首事」。

賞析與點評

此段尤為重要，透露出中國傳統文化對專制的定義，即若有法不依，目無法治，即使治國有功，也是罪大惡極的專制者。有些人，只講效率，不辨是非，視法律如無物，這種人或可帶領國家走向富強，如利比亞的卡達菲，他在位時，經濟也在高速增長，但他為達目的，無所不用其極地迫害異己，最後被人民推翻。故治國須先遵法，否則效率雖高，卻極其危險。

修火憲，敬山澤林藪積草，夫財之所出，以時禁發焉。使民足於宮室之用，薪蒸之所積[1]，虞師之事也[2]。決水潦，通溝瀆，修障防，安水藏，使時水雖過度，無害於五穀。歲雖凶旱，有所秎穫[3]，司空之事也。相高下，視肥墝，觀地宜，明詔期，前後農夫，以時均修焉[4]，使五穀桑麻，皆安其處，由田之事也[5]。

行鄉里，視宮室，觀樹藝，簡六畜，以時均修焉，勸勉百姓，使力作毋偷，懷樂家室，重去鄉里，鄉師之事也。論百工，審時事，辨功苦[6]，上完利[7]，監壹五鄉[8]，以時均修焉，使刻鏤文采，毋敢造於鄉，工師之事也[9]。

右「省官」。

注釋

1 蒸：細薪，細柴。薪蒸：指燒柴。

2 虞師：《荀子．王制》：「使國家足用，而則物不屈，虞師之事也。」楊倞注：「虞師，《周禮》山虞、澤虞也。」官名，主管山林湖澤的官員。

3 穃（粵：憤；普：fèn）：收割。穃穫：收穫。

4 以時均修：指按時間進行全面的安排。

5 由田：當作「司田」，《管子．小匡》：「墾草入邑，辟土聚粟，多眾盡地之利，臣不如寧戚，請立為大司田。」官名，主管農務的官員。

6 功苦：器物之優劣。

7 上完利：提倡完全精緻。

8 監壹：監督管理。

9 工師：《荀子・王制》：「論百工，審時事，辨功苦，尚完利，便備用，使雕琢文采不敢專造於家，工師之事也。」官名，主管百工之官。

譯文

要制定防火的法令，謹防山澤林藪之處堆積枯草；對自然資源的利用，要按時禁止和開採，以保證百姓有充足的房屋建築用材，並儲備所需的柴草，這是虞師的職責。疏導積水，疏通溝渠，修整堤壩，以保持蓄水池的安全，即使雨水過多也不至於損害五穀，即使遭遇大旱，也有收成，這是司空的職責。觀測地勢高下，分析土質肥瘠，考察土地適宜的作物，明確應召服役的日期，按時令安排農業生產和應徵服役的秩序，使五穀桑麻能按時播種收穫，這是司田的職責。巡行鄉里，視察房屋，觀察作物，視察六畜，按時全面安排，做到勸勉百姓，使他們努力耕作而不偷閒，安居樂業、安土重遷，這是鄉師的職責。考核各業工匠，審定各個時節的作業安排，分辨產品質量的優劣，提倡產品完全和精緻，統一管理五鄉，按時統籌安排，使精雕細刻和文飾彩繪的工藝不敢在鄉里大行其道，這是工師的職責。

以上是「省官」。

度爵而制服，量祿而用財。飲食有量，衣服有制，宮室有度，六畜人徒有數，舟車陳器有禁，修生則有軒冕、服位、穀祿、田宅之分，死則有棺槨、絞衾[1]、壙壟之度。雖有賢身貴體，毋其爵，不敢服其服；雖有富家多資，毋其祿，不敢用其財。天子服文有章，而夫人不敢以燕以饗廟，將軍大夫以朝[2]，官吏以命[3]，士止於帶緣，散民不敢服雜采，百工商賈不得服長鬈貂，刑餘戮民不敢服絻，不敢畜連乘車。

右「服制」。

注釋

1 絞衾：《禮記・檀弓下》：「是故製絞衾，設蔞翣，為使人勿惡也。」鄭玄注：「絞衾，屍之飾；蔞翣，棺之飾。」指死人的衣被。絞，捆屍衣的帶子。衾，被子。

2 朝：朝服，君臣朝會時所穿的衣服。

3 命：命服，百官按等級應穿的衣服。

譯文

按照爵位制定待遇的等級，根據俸祿規定花費的標準。飲食要有節制，衣服飾物要有規範，房屋要有標準，六畜奴僕要有額度，車船器用要有禁忌。生時要有乘車、戴帽、職位、俸祿、田宅的區別；死後要有棺木、衣被、墳墓的法度。即使身份高貴，沒有爵位也不能穿戴相應的服飾；即使家富錢多，沒有俸祿也不能進行相應的消費。天子的服飾彩繪豔麗，王后不能穿便裝去祭祀宗廟；將軍大夫穿朝服，一般官吏穿命服，士人只在衣帶邊緣上有所標誌。平民不能穿色彩豔麗的衣服，工匠、商人不得穿貂皮服裝。受過刑和正在服刑的人不能穿絲料的衣服，也不能備車坐車。

以上是「服制」。

寢兵之說勝[1]，則險阻不守。兼愛之說勝，則士卒不戰。全生之說勝[2]，則廉恥不立。私議自貴之說勝[3]，則上令不行。群徒比周之說勝[4]，則賢不肖不分。金玉貨財之說勝，則爵服下流。觀樂玩好之說勝，則奸民在上位。請謁任舉之說勝，則繩墨不正。諂諛飾過之說勝，則巧佞者用。

右「九敗」。

注釋

1 寢兵：顏師古曰：「寢，息也。」息兵，停息戰爭，停息戰事。

2 全生：保全自身，保全性命。

3 私議自貴：私立異說、清高自貴。

4 群徒比周：《荀子．臣道》：「朋黨比周，以環主圖私為務，是篡臣者也。」意為結黨營私。

譯文

平息戰事的主張盛行，即使城池險阻也不能固守。博愛的主張盛行，士兵就會厭戰。保全性命的主張盛行，廉恥之風就不能建立。私立異說、清高自貴的風氣盛行，君主的政令就無法推行。結黨營私的風氣盛行，賢能和不成材就不易分清。珍視財貨的風氣盛行，爵位就會濫流到下邊。觀賞玩樂的風氣盛行，奸邪之輩就會身居高位。託拜保舉的風氣盛行，用人標準就不會公正。阿諛奉承、文過飾非的風氣盛行，巧言而奸佞的人就會受重用。

以上是「九敗」。

賞析與點評

《管子》把「私議自貴」列入國家九種敗亡原因之中，足見在法家傾向的知識分子心目中，學術思想興盛，知識水平提升，會大大不利於有效管治。歷史經驗也證明，教育水平提高，人民對社會的要求以及對政府的期望會躍升，並進一步要求政府提高執政的透明度與人民的參與度，此種趨勢古今如一，故法家把思想學說視為政府敵人，是欲以愚民手段來維持威權管治。

期而致[1]，使而往，百姓舍己以上為心者，教之所期也。始於不足見，終於不可及，一人服之，萬人從之，訓之所期也。未之令而為，未之使而往，上不加勉，而民自盡竭，俗之所期也。好惡形於心，百姓化於下，罰未行而民畏恐，賞未加而民勸勉，誠信之所期也。為而無害，成而不議，得而莫之能爭，天道之所期也。為之而成，求之而得，上之所欲，小大必舉，事之所期也。令則行，禁則止，憲之所及，俗之所被，如百體之從心，政之所期也。

右「七觀」。

注釋

1 期：約集。致：至，到達。

譯文

約集就立即來到，派遣就立即前往，百姓心甘情願捨己為君，這是教化所期望的結果。起初還看不出跡象，最後成效則不可比擬，君主一人倡導，臣民萬人響應，這是訓練所期望的結果。沒有命令而主動辦事，沒有派遣而主動前往，君主不用勸勉，臣民就能盡心竭力，這是樹立風俗所期望的結果。君主的好惡才在心裏萌動百姓就開始行動，刑罰還未實施百姓就知道恐懼，獎賞還未施行百姓就知道勸勉，這是實行誠信所期望的結果。做事不生惡果，成功也沒有異議，得到的成果沒人能爭奪，這是遵守天道所期望的結果。行事即成，有求即得，君主所期望的大小事情都能實現，這是辦事所期望的結果。有令則行，有禁則止，凡是法令所及和風俗所影響到的地方，民間都照章執行，就像身體四肢服從內心一樣，這是為政所期望的結果。

以上是「七觀」。

乘馬第五

本篇導讀——

乘馬即運算，籌算。乘，計算，如《周禮・天官》「乘其財用之出入」即此義。馬，通「碼」，指計算所用的籌碼。本篇以乘馬為題，分九個專題，論述了營建國都的問題和國家的一些重大經濟問題，提出了比較系統的經濟綱領，強調充分利用土地來發展經濟，關注土地的開發利用；強調市場的晴雨表作用；強調計量調節財物的重要作用等等。

凡立國都，非於大山之下，必於廣川之上。高毋近旱，而水用足；下毋近水，而溝防省。因天材，就地利[1]，故城郭不必中規矩，道路不必中準繩。

右「立國」。

注釋

1 因：憑藉，藉助。就：藉助。

譯文

凡建立國都，不是在大山腳下，就是在大河旁邊。在高處不能靠近乾旱地區，以保證水源充足；在低處不能靠近水邊，以節省溝堤的修築。應憑藉自然資源，依靠地理優勢，所以建造城郭不一定符合方圓的規矩，修築道路也不一定符合平直的標準。

以上是「立國」。

無為者帝，為而無以為者王，為而不貴者霸。不自以為所貴，則君道也；貴而不過度，則臣道也。

右「大數」。

譯文

能做到「無為而治」的，可以成就帝業。為政而不為政務所累，可以成就王業。為政謙虛不自以為尊貴的，可以成就霸業。不自以為尊貴是君主之道，尊貴而不超越應守的規範，是臣子之道。

以上是「大數」。

地者，政之本也。朝者，義之理也[1]。市者，貨之準也。黃金者，用之量也[2]。諸侯之地、千乘之國者，器之制也[3]。五者其理可知也，為之有道。地者，政之本也。是故，地可以正政也。地不平均和調，則政不可正也；政不正，則事不可理也。

注釋

1 義：通假字，同「儀」，儀法。

2 用：財用，指財政支出。

3 器：指軍備。

譯文

土地是執政治國的根本，朝廷是尊卑等級的體現，市場是商品貴賤的體現，黃金是計量財用的工具。諸侯國擁有兵車千輛，是軍備的制度。這五個方面的道理是可以理解的，實際操作起來也得遵循相應的規律。土地是執政治國的根本。所以，土地可以調整政事。土地不能平均合理地使用，政事活動就無法理順。政事活動不能理順，那麼萬事便都不可能理順了。

春秋冬夏，陰陽之推移也；時之短長，陰陽之利用也；日夜之易，陰陽之化也。然則陰陽正矣，雖不正，有餘不可損，不足不可益也。天地，莫之能損益也。然則可以正政者地也，故不可不正也。正地者，其實必正[1]。長亦正，短亦正；小亦正，大亦正；長短大小盡正。正不正，則官不理；官不理，則事不治[2]；事不治，則貨不多。是故，何以知貨之多也？曰：事治。何以知事之治也？曰：貨多。貨多事治，則所求於天下者寡矣，為之有道。

右「陰陽」。

注釋

1 實：實數，指土地的實際面積。正：核正。

2 事：指生產或農事。

譯文

春夏秋冬四季的轉換是陰陽推動的結果，時節的長短變化是陰陽作用的結果，白天黑夜的更替是陰陽變化的結果。陰陽的運動是有規律的。即使有時失常，多的不能減少，少的也無法增加。天時，不是人力所能損益的。可以用來調整政事的，只有土地。所以，對土地不可不加以整頓。整頓土地，必須理清其實際數量。長的要核正，短的要核正，大的要核正，小的要核正，長短大小都要核正準確。土地不核正準確，官府就無法治理；官府無法治理，農事就辦不好；農事辦不好，糧食就會歉收。所以，怎樣才能知道糧食是否會增產呢？那就要看農事的治理情況。怎樣才能知道農事的治理情況呢？那就要看糧食是否豐收。糧食大穫豐收，農事得到治理，四處乞討的人就少了。關於國家土地的管理，也是有規律可循的。

以上是「陰陽」。

賞析與點評

本章與《孟子》之言大抵如一，孟子曰：「不違農時，穀不可勝食也。數罟不入洿池，魚鱉不可勝食也。斧斤以時入山林，材木不可勝用也。穀與魚鱉不可勝食，材木不可勝用，是使民養生喪死無憾也。養生喪死無憾，王道之始也。」上面的引文大意是對自然資源之運用必須謹慎，要順應自然，不可強求，更不可竭澤而漁，粗放式發展。如此，人民的生活水平才能真正改善，這就是仁政的開始。順應自然是儒家道家的共通點，《管子》既集百家之大成，亦吸收了他們的觀點，提出了相似的看法。

朝者，義之理也。是故，爵位正而民不怨；民不怨則不亂，然後義可理。理

不正，則不可以治，而不可不理也。故一國之人，不可以皆貴；皆貴，則事不成而國不利也。為事之不成，國之不利也，使無貴者，則民不能自理也。是故，辨於爵列之尊卑，則知先後之序，貴賤之義矣，為之有道。

右「爵位」。

譯文

朝廷是尊卑等級的體現。所以，授予爵位應當公正，百姓才不會怨恨；百姓沒有怨恨，就不會作亂；然後等級秩序才可以理順。如果等級秩序不能理順，國家政事就不能治理，因此等級秩序不能不進行治理。所以，一個國家的人不可能都尊貴，都尊貴了，事情就辦不成，這對國家不利。一事無成會對國家不利，如果沒有少數地位尊貴的人進行統治，百姓是不能自己管理自己的。所以，分清爵位排列的高低，百姓才會懂得先後順序和貴賤等級，這是治理朝廷的規律。朝廷等級制度的管理是有規律可循的。

以上是「爵位」。

市者，貨之準也。是故百貨賤，則百利不得[1]。百利不得，則百事治。百事治，則百用節矣[2]。是故事者生於慮，成於務，失於傲。不慮則不生，不務則不成，不傲則不失。故曰，市者可以知治亂，可以知多寡，而不能為多寡。為之有道。

右「務市事」。

注釋

1 百利：過多的益利，暴利。

2 百用：各種費用。節：適度。

譯文

市場是商品供求狀況的標誌。所以，如果各種貨物價格低廉，商人就得不到豐厚的利潤；商人得不到豐厚的利潤，各行各業就能得到發展；各行各業得到發展，人們的各種需求就都能得到相互調節。所以說，事情總是生於謀慮，成功於勤勉，失敗於驕傲。不謀慮就不能發生，不勤勉就不能成功，不驕傲就不會失敗。因此，通過市場，可以通曉社會的治亂，可以通曉財富的多寡，但不能通過它創造財富的多寡。關於商品市場的管理，也是有規律可循的。

以上是「務市事」。

黃金者，用之量也。辨於黃金之理，則知侈儉。知侈儉，則百用節矣。故儉則傷事[1]，侈則傷貨[2]。儉則金賤，金賤則事不成，故傷事；侈則金貴，金貴則貨賤，故傷貨。貨盡而後知不足，是不知量也；事已而後知貨之有餘，是不知節也。不知量，不知節，不可謂之有道。

注釋

1 傷事：妨礙生產，不利於生產事業。

2 傷貨：浪費財物，對商品資源不利。

譯文

黃金是計量財物的工具。辨明黃金的道理，就可以懂得甚麼是奢侈和節儉。懂得奢侈和節儉，各項用度都能得到調節。過於節儉會妨礙生產，過於奢侈會浪費財物。節儉會使黃金價格低廉，金賤會使各項生產難以辦成，所以說是妨礙生產；奢侈使黃金貴重，金貴會使物價低廉，所以說是浪費了財物。財物用光了才知道不足，是因為不懂得計量；事情結束了才知道財貨有餘，是因為不懂得調節。關於財用的計量和調節是有規律可循的。

天下乘馬服牛[1]，而任之輕重有制[2]。有壹宿之行，道之遠近有數矣。是知諸侯之地千乘之國者，所以知地之小大也，所以知任之輕重也。重而後損之，是不知任也；輕而後益之，是不知器也[3]。不知任，不知器，不可謂之有道。

注釋

1 服：駕馭。

2 任：擔荷，引申為承擔能力。

3 器：指軍備規模。

譯文

天下人都知道駕馭牛馬，牠們所負擔的輕重都有一定的限度。通過一夜的實際行程，對道路的遠近就能做到心中有數。因此，知道一個諸侯國擁有千輛兵車，就可以算出軍備規模的大小，也可以算出負擔的輕重。負擔重了再來削減，那是不了解承受能力；負擔輕了再來增加，那是不了解軍備規模。不了解承受能力和軍備規模都是不行的，這不可以稱為治國有道。

地之不可食者，山之無木者，百而當一。涸澤，百而當一。地之無草木者，百而當一。樊棘雜處[1]，民不得入焉，百而當一。藪，鐮纆得入焉[2]，九而當一[3]。蔓山，其木可以為材，可以為軸，斤斧得入焉，九而當一。汎山[4]，其木可以為棺，可以為車，斤斧得入焉，十而當一。流水，網罟得入焉[5]，五而當一。林，其木可以為棺，可以為車，斤斧得入焉，五而當一。澤，網罟得入焉，五而當一。命之曰地均[6]，以實數。

注釋

1 樊：當作「楚」，荊棘。

2 纆：《莊子・駢拇》：「附離不比膠漆，約束不以纆索。」此處泛指繩索。

3 九：當作「十」。

4 汎：古「盤」字，環繞的樣子。

5 罟（粵：古；普：gǔ）：《說文》：「罟，網也。」漁網。

6 均：公平，引申為公平折算。

譯文

不生五穀的土地，不長樹木的荒山，百畝折合成一畝耕地。乾涸的沼澤，也是百畝折合成一畝。不生草木的土地，百畝折合成一畝。荊棘叢雜人無法進去的土地，也是百畝折合成一畝。雜草叢生可以用鐮刀繩索開墾的土地，十畝折合成一畝。透迤連綿的山脈，樹木可以當材料，可以做車軸，可用刀斧直接進去採伐的，也是十畝折合成一畝。九曲迴環的山脈，樹木可以做棺材，可以製造車輛，可用刀斧直接進去採伐的，十畝折合成一畝。流動的河川，可以下網捕撈的，五畝折合成一畝。森林之地，樹木可以做棺材，可以製造車輛，可用刀斧直接進去採伐的，五畝折合成一畝。湖澤河澤，可以下網捕撈的，也是五畝折合成一畝。這可以叫作：按照土地的使用價值對土地進行合理折算。

方六里命之曰暴[1]，五暴命之曰部，五部命之曰聚。聚者有市，無市則民乏。五聚命之曰某鄉，四鄉命之曰方，官制也。官成而立邑。五家而伍，十家而連，五連而暴。五暴而長，命之曰某鄉。四鄉命之曰都，邑制也。邑成而制事[2]。四聚為一離，五離為一制，五制為一田，二田為一夫，三夫為一家，事制也。事成而制器。方六里，為一乘之地也。一乘者，四馬也。一馬其甲七[3]，其蔽五[4]。四乘，其甲二十有八，其蔽二十，白徒三十人奉車輛[5]，器制也。

注釋

1 暴：古時戶籍單位，五十家為暴。

2 制事：制定生產活動。

3 甲：鎧甲，指披甲的士兵。

4 蔽：大盾牌，指持盾防衛的士兵。

5 白徒：未經軍事訓練，或指臨時召集的士兵。

譯文

方圓六里的地方命名為暴，五暴命名為部，五部命名為聚。聚要有集市，沒有集市人們就會缺乏日用品。五聚叫作某鄉，四鄉叫作方，這是行政組織制度。行政組織一經建立，就可以組建城鎮了。把五家編成一伍，十家編成一連，五連編成一暴，五暴編成一長，稱它作某鄉。四鄉命名為都。這是城鎮組織制度。城鎮組織一經建立，就可以組織生產了。四聚算作一離，五離算作一制，五制算作一田，二田算作一夫，三夫算作一家。這是生產組織制度。生產組織一經建立，就可以組織軍備了。方圓六里為一乘之地。一乘四馬，一馬配備甲士七人，盾兵五人。四乘則共有甲士二十八，盾兵二十，還配備民夫三十人以負責兵車的後勤，這就是軍備的制度。

方六里，一乘之地也；方一里，九夫之田也。黃金一鎰[1]，百乘一宿之盡也[2]。無金則用其絹，季絹三十三制當一鎰[3]。無絹則用其布，經暴布百兩當一

鎰[4]。一鎰之金，食百乘之一宿，則所市之地，六步一㪷[5]，命之曰中。歲有市，無市則民不乏矣[6]。方六里，名之曰社。有邑焉，名之曰央，亦關市之賦。黃金百鎰為一篋，其貨一穀籠為十篋。其商苟在市者三十人，其正月、十二月黃金一鎰，命之曰正分[7]。春曰書比，夏曰月程，秋曰大稽，與民數得亡[8]。

注釋

1 鎰（粵：益；普：yì）：古代黃金單位，二十兩或二十四兩為「一鎰」。又通作「溢」。《漢書．食貨志》：「黃金以溢為名。」

2 盡：通「贐」，費用。

3 季絹：尹知章注：「三等其下者曰季。」一說，絹之輕細疏薄者。此處指細絹。制：長度計量單位，一丈八尺為一制。

4 經：細布，引申為細。暴布：一種細白的上好布。兩：疋。

5 㪷：同「斗」，古代容器單位。

6 「不」字疑衍。

7 正分：合理的徵收。

8 書比：公佈稅率。月程：按月考核。稽：統計。與：通「舉」，記錄，記載。得亡：有無。

譯文

方圓六里是一乘之地；方圓一里是九夫之田。一鎰黃金是供應百輛兵車一宿的費用。沒有黃金可以用絲絹代替，細絹三十三制折為黃金一鎰。沒有絹可以用布，一百疋細白布折為黃金一鎰，一鎰黃金即供百乘兵車食用一宿的費用。那麼，徵收布疋的地方，相當於每六步徵收一斗糧食，這是中等年成的稅率。要有集市，沒有集市則民用缺乏。方圓六里的地域稱為社；修建城鎮名為央。也要徵收關稅和市場稅。按黃金百鎰為一篋來算，一轂籠貨物算作十篋；集市的商人如果達到三十人，從正月到十二月年收黃金一鎰，這就叫作徵稅了。每年的春分公佈稅率，叫作書比；立夏則按月核實，叫作月程；秋天則統計總的徵稅情況，叫作大稽；還要統計集市上百姓人數的增減。

三歲修封，五歲修界。十歲更制，經正也[1]。十仞見水不大潦[2]，五尺見水不大旱。十一仞見水輕徵，十分去二三，二則去三四[3]，四則去四，五則去半，比之於山。五尺見水，十分去一，四則去三，三則去二，二則去一[4]，三尺而見水，比之於澤。

注釋

1 經正：同「經政」，指常行之公事、制度性的做法。

2 潦：同「澇」。

3 十一仞見水輕徵，十分去二三，二則去三四：當為「一仞見水輕徵，十分去一，二則去二，三則去三。」輕徵，減輕稅負。

4 四則去三，三則去二，二則去一：當為「四則去二，三則去三，二則去四。」

譯文

三年整修一次田埂，五年修建一次地界，十年重新劃定封界，這些都應成為常例。十仞高的土地見到水，就不會有大澇；五尺深的土地見到水，就不會有大旱。一仞見水的土地，要減少十分之一的賦稅；二仞見水的土地，減輕十分之二；三仞見水的土地，減少十分之三；四仞見水的土地，減少十分之四；五仞減半，比同於山地的賦稅。五尺見水的土地，也減少十分之一的賦稅；四尺見水的土地，減少十分之二；三尺則減少十分之三，二尺減少十分之四，比同於沼澤的賦稅。

距國門以外[1]，窮四竟之內[2]，丈夫二犁[3]，童五尺一犁[4]，以為三日之功[5]。正月，令農始作，服於公田農耕，及雪釋，耕始焉，芸卒焉[6]。士聞見博學意察[7]，而不為君臣者，與功而不與分焉[8]。賈知賈之貴賤[9]，日至於市，而不為官賈者，與功而不與分焉。工治容貌功能，日至於市，而不為官工者，與功而不與分焉。不可使而為工，則視貸離之實而出夫粟[10]。是故智者知之，愚者不知，不可以教民；巧者能之，拙者不能，不可以教民。非一令而民服之也，不可以為大善[11]；非夫人能之也[12]，不可以為大功。是故非誠賈不得食於賈，非誠工不得食於工，非誠農不得食於農，非信士不得立於朝。是故官虛而莫敢為之請[13]，君有珍車珍甲而莫之敢有。君舉事，臣不敢誣其所不能[14]。君知臣，臣亦知君知己也，故臣莫敢不竭力俱操其誠以來。

注釋

1 距：從。

2 窮：同「盡」，止，到。竟：通「境」，邊境。

3 丈夫：指成年男子。犁：指一副犁一天所能耕的土地。

4 童五尺：《孟子・滕文公上》：「雖使五尺之童適市，莫之或欺。」指未成年男子。

5 功：勞役，服役。以為三日之功：為公家服三天勞役。

6 芸：通假字，同「耘」，鋤草。

7 聞：當作「閒」，多見。聞見：見多識廣。意察：斷事精明。

8 與：參與。

9 賈：本句第二個「賈」同「價」，價格。

10 貸離：家庭財產的差別。

11 為大善：指使國家大治。

12 夫人：眾人，人人。

13 官虛：官職有空缺。

14 誣：說謊，不實。

譯文

從都城城門外到全國境內，成年男子有兩犁的耕地，未成年男子有一犁的耕地，都要為君主服役三天。正月就命令農民開始耕作，到公田服役；從雪化春耕時起，直到夏鋤為止。見識廣、學問淵博、斷事精明的士，凡是沒有成為君主臣吏的，也要服役但不分配收益。熟悉物價貴賤，並在集市上經商的商人，只要不是官商的，也要服勞役但不分配收益。講求器物樣式功能，參加集市交易的手工業者，凡不是官家工匠的，也要服勞役而不分配收益。那些不服勞役的工匠，要視家境的貧富狀況讓他們交納糧食。只有聰明的人明白而愚笨的人不明白的道理，不能用來要求一般百姓。只有靈巧的人能做到笨拙的人做不到的事，也不可用來要求一般百姓。如果不是命令一下百姓就服從，國家就不能實現大治；如果不是人人都能做到，就不能建立大功。因此，不誠信的商人，不得經商；不誠信的工匠，不得做工；不誠信的農民，不得務農；不守信用的士人，不得在朝中做官。這樣，即使官位有空缺，也沒人敢於冒請；即使君主給予珍車珍甲的待遇，也沒人敢於妄求享有；國家舉辦大事，臣下也就不敢謊報他們所做不到的事情。君主了解臣下，臣下也知道君主了解自己，因此臣下就不敢不盡心竭力為君主服務了。

道曰：均地分力[1]，使民知時也，民乃知時日之蚤晏[2]，日月之不足，飢寒之至於身也。是故夜寢蚤起，父子兄弟，不忘其功，為而不倦，民不憚勞苦。故不均之為惡也，地利不可竭，民力不可殫。不告之以時，而民不知；不道之以事[3]，而民不為。與之分貨[4]，則民知得正矣[5]，審其分[6]，則民盡力矣。是故不使而父子兄弟不忘其功[7]。

右「士農工商」。

注釋

1 均地分力：把土地分給農民耕種。

2 蚤晏：蚤，通假字，同「早」，《呂氏春秋・慎小》：「二子待君，日晏，公不來至。」漢高誘注：「晏，暮也。」即早上和晚上。

3 道：告知，教導。事：農事。

4 分貨：分取財物。

5 得：農民自己所得。正：同「徵」，國家所徵。

6 分：分貨的標準。

7 使：役使、驅使。

譯文

有道是：把土地公平地分給百姓耕種，可以使百姓不誤農時。因此百姓就會知道季節的早晚、光陰的緊迫和飢寒的威脅。這樣，他們就能夠晚睡早起，全家老小都悉心勞作，不知疲倦、不辭辛苦地進行生產。不把土地分給百姓的害處就是土地得不到充分利用，人力得不到充分發揮。不告知百姓農時，百姓就不會抓緊；不告知百姓農事，百姓就不會去進行生產。採取與民分取產品的方式，百姓就會知道自己的所得和國家所徵的稅收；再明確分取財物的標準，百姓就會盡力勞作。因此即使不督促，全家老小也都會用心生產。

以上是「士農工商」。

賞析與點評

把「士農工商」四民並列的做法在戰國中晚期已經相當流行，絕不是後世無中生有而來，又反映了《管子》一說並非孤證。但不論是《左傳》還是《荀子》，都沒有直接提及四民的詞句，此與《管子》、《國語》、《晏子春秋》有所不同。有時候寫成「農、士、工、商」，足見此時與後世階級分明的狀態不同。

聖人之所以為聖人者，善分民也[1]。聖人不能分民，則猶百姓也。於己不足，安得名聖？是故有事則用[2]，無事則歸之於民，唯聖人為善託業於民。民之生

也[3]，辟則愚[4]，閉則類[5]。上為一，下為二。

右「聖人」。

注釋

1 分：分利於民。

2 用：徵用。

3 生：通假字，同「性」，本性。

4 辟：通假字，同「僻」，邪惡。

5 閉：堅定，不受外界的干擾、影響。類：善良。

譯文

聖人之所以成為聖人，就是因為他善於分利於民。聖人不能分利於民，就同普通百姓無異了。自己總是貪婪不知足，怎能稱為聖人？所以，國家有事就取用於民，無事就藏用於民，只有聖人才善於把產業託付給百姓。人的本性是：邪惡了就愚昧，堅定了就善良。在上位者做出一分，百姓就會加倍回報。以上是「聖人」。

時之處事精矣，不可藏而舍也。故曰，今日不為，明日亡貨[1]。昔之日已往而不來矣！

右「失時」。

注釋

1 亡：同「無」，沒有。貨：財貨、貨物。

譯文

時令對於農事來說十分寶貴，不能把它收藏起來使它停滯不前。所以說，今天不做事，明天就沒有成果。過去的時光一去不復返！

以上是「失時」。

上地方八十里[1]，萬室之國一[2]，千室之都四。中地方百里，萬室之國一，千室之都四。下地方百二十里，萬室之國一，千室之都四。以上地方八十里，與下地方百二十里，通於中地方百里[3]。

右「地里」。

注釋

1 上地：上等土地。

2 室：古代一個家庭為一室。

3 通：相等。

譯文

上等土地八十里就可以負擔一座萬戶人口的城市和四座千戶人口的城鎮。中等土地則需一百里，才能負擔一座上萬戶人口的城市和四座上千戶人口的城鎮。下等土地卻需要一百二十里，才能負擔一座上萬戶人口的城市和四座上千戶人口的城鎮。所以，八十里的上等土地和一百二十里的下等土地，相當於一百里的中等土地。

以上是「地里」。

七法第六

本篇導讀——

本篇是一篇軍事論文，以論兵為核心，主要論述了治國治軍之道。七法即治國治軍的七項法則，即則、象、法、化、決塞、心術、計數。強調治國治軍應認識並遵守相應的法則，要查明事物的實際形象，要制定並掌握約束性的規範，要重視教化訓練，要懂得收放結合，要運用心計，要善於籌劃。作者認為這七法是治國治軍的綱領性原則，是匡正天下的基礎。

本文分四節，每節均有標題，以概括本節的主要內容。第一節即「七法」。第二節「四傷百匿」論述君主身邊的各種壞人對治國治軍四方面的傷害，即「百匿傷上威，奸吏傷官法，奸民傷俗教，賊盜傷國眾」。第三節「為兵之數」強調使用軍事手段以匡正天下的原則。第四節「選陳」，即「選陣」，專論戰略的運用。

言是而不能立，言非而不能廢，有功而不能賞，有罪而不能誅[1]，若是而能治民者，未之有也。是必立，非必廢，有功必賞，有罪必誅，若是安治矣？未也。是何也？曰：形勢、器械未具[2]，猶之不治也[3]。形勢、器械具，四者備，治矣。不能治其民，而能強其兵者，未之有也；能治其民矣，而不明於為兵之數[4]，猶之不可。不能強其兵，而能必勝敵國者，未之有也；能強其兵，而不明於勝敵國之理，猶之不勝也。兵不必勝敵國，而能正天下者，未之有也；兵必勝敵國矣，而不明正天下之分[5]，猶之不可。故曰：治民有器，為兵有數，勝敵國有理，正天下有分。

注釋

1 誅：懲罰、懲治。《韓非子．奸劫弒臣》：「聖人之治國也，賞不加於無功，而誅必行於有罪者也。」

2 形勢：軍事形勢。器械：軍事裝備。具：具備。

3 猶：依然。

4 數：方法、策略。

5 分：名分，這裏指適當的方法。

譯文

意見正確而不能採納，意見錯誤而不能廢除，有功勞而得不到獎賞，有罪過而不會受到懲罰，像這樣而能治理好百姓的，還從未有過。正確的意見堅決採用，錯誤的意見堅決廢止，有功必賞，有罪必罰，這樣就能治理好國家了嗎？還不能。為甚麼？因為不具備軍事力量和軍事裝備，仍然不能有效治理國家。具備了軍事力量和軍事裝備，並且具備上述四點，才能有效治理國家。不能治理好百姓而能使軍隊強大的，還從未有過；即使能治理好百姓但不懂用兵策略，仍然不行。不能使軍隊強大而能戰勝敵國的，還從未有過；即使能夠壯大軍隊但不明白克敵制勝的道理，仍然不能獲勝。軍隊不能戰勝敵國但能夠匡正天下的，從來沒有；軍隊有了必勝的把握但不懂得匡正天下的方法，仍然是不行的。所以說：治理百姓要有軍備，用兵要有策略，戰勝敵國要有戰略，匡正天下要有方法。

賞析與點評

現代有些和平主義者高喊天下一家、世界大同，雖然甚是理想，卻忽略了人性貪婪的本性。國家不可不置防，不可不以軍事手段來治理國家，否則國土就會遭人侵佔。國家安全不能單靠道德來守衛，就像如今國與國的領土爭議，單靠國際法和雙邊談判是解決不了問題的，還得要有強大的軍力支持。

則、象、法、化、決塞、心術、計數。根天地之氣[1]，寒暑之和[2]，水土之性，人民、鳥獸、草木之生，物雖甚多，皆均有焉，而未嘗變也，謂之則。義也、名也、時也、似也、類也、比也、狀也，謂之象。尺寸也、繩墨也、規矩也、衡石也、斗斛也、角量也[3]，謂之法。漸也、順也、靡也、久也、服也、習也[4]，謂之化。予奪也、險易也、利害也、難易也、開閉也、殺生也，謂之決塞。實也、誠也、厚也、施也、度也、恕也，謂之心術。剛柔也、輕重也、大小也、實虛也、遠近也、多少也，謂之計數。

注釋

1 根：追究，探求。

2 寒暑之和：寒暑的協調運轉。和，指交替往來，協調並存。

3 衡石：指稱重量的器物。衡，秤；石，古代重量單位，一百二十斤為一石。斗斛：斗与斛。两种量器。亦泛指量器。古十斗為一斛。角量：平斗斛的用具。

4 順：通假字，同「馴」，馴服。靡：通假字，同「磨」，磨練。服：適應，習慣。

譯文

則、象、法、化、決塞、心術、計數這七法可以理解為：探究天地的元氣，寒暑的協調，水土的性質，人類、鳥獸、草木的生長，事物雖多，但都有一個共性，而且是不變的，這叫作「則」。事物的形貌、名稱、年代、相似、類屬、排序、狀態，這叫作「象」。尺寸、繩墨、規矩、衡石、斗斛、角量等量器，叫作「法」。漸進、馴順、磨煉、熏陶、適應、習慣，叫作「教化」。予奪、險易、利害、難易、開閉、死生，叫作「決塞」。老實、忠誠、寬厚、施捨、度量、寬恕，叫作「心術」。剛柔、輕重、大小、虛實、遠近、多少，叫作「計數」。

不明於則，而欲出號令[1]，猶立朝夕於運均之上[2]，擔竿而欲定其末。不明於象，而欲論材審用[3]，猶絕長以為短，續短以為長。不明於法，而欲治民一眾，猶左書而右息之。不明於化，而欲變俗易教，猶朝揉輪而夕欲乘車[4]。不明於決塞[5]，而欲敺眾移民，猶使水逆流。不明於心術，而欲行令於人，猶倍招而必拘之[6]。不明於計數，而欲舉大事，猶無舟楫而欲經於水險也。故曰：錯儀畫制，不知則不可；論材審用，不知象不可；和民一衆[7]，不知法不可；變俗易教，不知化不可；毆衆移民，不知決塞不可；布令必行，不知心術不可；舉事必成，不知計數不可。

右「七法」。

注釋

1 出號令：根據下文應當為「錯儀畫制」。

2 朝夕：古代一種簡單的計時工具，即測日影以定方向的標杆。均：指製陶器所用的轉輪。運均：指運動着的陶輪。

3 論材審用：按其才能恰當地任用人材。

4 揉輪：烤彎木條以做車輪。

5 決塞：准許或禁止的規定。泛指行為準則。

6 倍：同「背」。招：目標，練習射箭用的靶子。

7 和：根據下文應當為「治」。

譯文

不明白事物的規律，而想要制定法令制度，就好像把計時的標杆插在轉動着的陶輪上，搖動竹竿卻妄想穩定其末端一樣。不了解事物的形象，而想量才用人，就好像把長的當短的來用，短的當長的來用一樣。不了解事物的規範，而想治理百姓統一民眾，就好像用左手寫字，卻閒着右手一樣。不明白教化的道理，而想移風易俗，就好像早上造出車輪，晚上就要乘車一樣。不了解行為準則的制定，而想驅使和調遣百姓，就好像使水倒流一樣。不了解心術，而想對百姓發號施令，就好像背着靶子射箭卻要射中目標一樣。不了解計數，而想要辦大事，就好像沒有船和槳卻要渡過激流險灘一樣。所以說：制定法令制度，不了解規律不行；量才用人，不了解形象不行；治理百姓統一群眾，不了解規範不行；移風易俗，不了解教化不行；驅使調遣百姓，不了解行為準則的制定不行；公佈政令能夠推行，不了解心術不行；辦大事能夠成功，不了解計數不行。

以上是「七法」。

百匿傷上威[1]，奸吏傷官法，奸民傷俗教，賊盜傷國眾。威傷，則重在下[2]；

法傷，則貨上流；教傷，則從令者不輯[3]；眾傷，則百姓不安其居。重在下，則令不行；貨上流，則官徒毀；從令者不輯，則百事無功；百姓不安其居，則輕民處而重民散[4]；輕民處、重民散，則地不辟；地不辟，則六畜不育；六畜不育，則國貧而用不足；國貧而用不足，則兵弱而士不厲[5]；兵弱而士不厲，則戰不勝而守不固；戰不勝而守不固，則國不安矣。故曰：常令不審，則百匿勝；官爵不審，則奸吏勝；符籍不審[6]，則奸民勝；刑法不審，則盜賊勝。國之四經敗[7]，人君泄見危[8]。人君泄，則言實之士不進；言實之士不進，則國之情偽不竭於上[9]。

注釋

1 百匿：各種壞人。匿，邪惡，奸邪。《管子・七法》：「百匿傷上威。」王念孫《讀書雜志・管子一》：「匿，與『慝』同。百匿，眾慝也。言奸慝眾多，共持國柄，則上失其威也。」

2 重在下：權威下移。

3 輯：和睦順從之意。

4 輕民：尹知章注「輕民謂為盜者」。重民：尹知章注「重民謂務農者」。

5 厲：勇猛。

6 符籍：指通行憑證與戶口名簿冊。符，憑證；籍，簿冊。

7 四經：指上述國家的四種根本制度。

8 泄見危：指權力分散。泄，發散，分散。

9 情偽：真假，指國家的真實情況。

譯文

朝廷的各種壞人損害君主的權威，奸邪的官吏破壞國家的法制，奸民傷害風俗教化，盜賊傷害國內的民眾。權威遭損害，君權就會往下移；法制遭破壞，財貨就會通過賄賂流到上層；教化受傷害，臣民就不會和睦；民眾受傷害，百姓就不得安居。君權下移，政令便無法推行；財貨上流，道德就必然敗壞；臣民不和，任何事都沒有功效；百姓不安居樂業，就會造成盜賊橫行、百姓離散的局面。盜賊橫行、百姓離散，土地就得不到開闢；土地不開闢，則六畜得不到繁育；六畜不育，則國貧而財用不足；國貧而財用不足，則兵弱而士氣不振；兵弱士氣不振，則戰不能勝、守不能固；戰不勝而守不固，國家就不能安定了。所以說，國家大法不嚴明，朝廷的壞人就會當政；官爵制度不嚴明，奸邪的官吏就會掌權；符籍制度不嚴明，奸民就會得勢；刑法制度不嚴明，盜賊就會得逞。國家的四種根本制度即大法、官爵、符籍、刑法受破壞，君主權力分散，就會出現危亡。這是因為君主權力分散，忠誠直言的臣子就不能進諫，忠誠直言的臣子不能進諫，君主就不能全面掌握國家的真實情況。

賞析與點評

古人相信權力分散就會導致君令不彰，國政懈怠，觀乎歷史發展，愈到後代君權愈集中。明代朱元璋於洪武十三年更索性廢除了丞相，把君權推至歷史高點，使明朝成為中國歷史上最專制的時代之一。雖然此舉有利於政府施政，有利於國家統一，卻有違分工論的原則，因為只有不斷分工，才有利於專業化的進行，施政才更有效率。中國傳統文化強調權力集中的好處，而《管子》一書正是大力提倡君主集中論的代表作。

世主所貴者[1]，寶也；所親者，戚也；所愛者，民也；所重者，爵祿也。亡君則不然[2]，致所貴非寶也[3]，致所親非戚也，致所愛非民也，致所重非爵祿也。故不為重寶虧其命[4]，故曰：令貴於寶；不為愛親危其社稷，故曰：社稷戚於親[5]；不為愛人枉其法，故曰：法愛於人；不為重爵祿分其威，故曰：威重於爵祿。不

通此四者，則反於無有。故曰：治人如治水潦，養人如養六畜，用人如用草木。居身論道行理[6]，則群臣服教，百吏嚴斷，莫敢開私焉[7]。論功計勞，未嘗失法律也。便辟、左右、大族、尊貴、大臣，不得增其功焉；疏遠、卑賤、隱不知之人，不忘其勞。故有罪者不怨上，愛賞者無貪心[8]，則列陳之士皆輕其死而安難[9]，以要上事，本兵之極也[10]。

右「四傷百匿」。

注釋

1 世主：當代一般的君主。

2 亡：當作「明」。亡君：明君。

3 致：通「至」，最。

4 虧：損害。命：命令。

5 戚於親：當為「親於戚」。

6 居：當為「君」。論道行理：講原則按道理辦事。

7 開私：走後門。

8 愛：當為「受」。

9 陳：通「陣」。列陳之士：指參加作戰的士兵。

10 極：至，最。

譯文

當代一般的君主所重視的是珍寶，所親近的是親戚，所珍愛的是境內之民，所重視的是爵祿。英明的君主則不是這樣。他最重視的不是珍寶，最親近的不是親戚，最珍惜的不是屬民，最看重的不是爵祿。所以，他不會因為貴重珍寶而損害政令，就是說政令比寶物珍貴；不會因為偏愛親戚而危害國家，就是說國家比親戚更親近；不會因為愛護百姓而違反法度，就是說法度比百姓更值得保護；不會因為重視爵祿而削弱威信，就是說威望比爵祿更重要。君主如不懂得這四方面的道理，就會一無所得。所以說：治理百姓就像治理洪水，養育人民就像飼養六畜，役使人力就像使用草木。君主以身作則、按理辦事，群臣就會服從政令，百官就會斷事嚴明，沒有人敢徇私枉法。在評價臣下功勞的時候，不能違背法令規定。寵臣、侍從、大族、權貴和大臣們，不得憑特權增加功勞。關係疏遠、地位卑賤、聲名不顯的人，不因為地位低而埋沒功勞。這樣，犯罪受刑的人不會抱怨君上，有功受賞的人也不會貪得無厭，參戰的將士都會視死如歸，力爭為國立功。這是治軍最重要的原則。

以上是「四傷百匿」。

賞析與點評

中國人素來重關係多於法令，這是儒家文化的特質。但《管子》一書則有明確的法家傾向，認為執政者必須以法令為先，不能偏私。然而，傳統文化對法的要求，不過是希望執政者自律，法令並不能有效限制執政者，此與現代法治的要求有很大的差異。歷史經驗證明了權力使人腐化的鐵律，正如英國史學家艾頓（John. Acton）的名言：「權力使人腐化，絕對的權力絕對使人腐化。」（Power tends to corrupt; absolute power corrupts absolutely.）而限權正是傳統文化所忽略的，我們必須認識古今之別，不斷反思，才能推動社會的進步。

為兵之數，存乎聚財，而財無敵[1]；存乎論工，而工無敵。存乎制器，而器無敵；存乎選士，而士無敵；存乎政教，而政教無敵；存乎服習[2]，而服習無敵；存乎偏知天下，而偏知天下無敵；存乎明於機數[3]，而明於機數無敵。故兵未出境，而無敵者八。以欲正天下，財不蓋天下[4]，不能正天下；財蓋天下，而工不蓋

天下，不能正天下；工蓋天下，而器不蓋天下，不能正天下；器蓋天下，而士不蓋天下，不能正天下；士蓋天下，而教不蓋天下，不能正天下；教蓋天下，而習不蓋天下，不能正天下；習蓋天下，而不徧知天下，不能正天下；徧知天下，而不明於機數，不能正天下；故明於機數者，用兵之勢也[5]。大者時也，小者計也。（王道非廢也，而天下莫敢窺者，王者之正也。衡庫者，天子之禮也。）[6]是故器成卒選，則士知勝矣。徧知天下，審御機數，則獨行而無敵矣[7]。所愛之國，而獨利之[8]；所惡之國，而獨害之；則令行禁止，是以聖王貴之。勝一而服百，則天下畏之矣。立少而觀多，則天下懷之矣[9]。罰有罪，賞有功，則天下從之矣。故聚天下之精財[10]，論百工之銳器，春秋角試以練[11]，精銳為右[12]；成器不課不用[13]，不試不藏。收天下之豪傑，有天下之駿雄；故舉之如飛鳥，動之如雷電，發之如風雨，莫當其前，莫害其後，獨出獨入，莫敢禁圉[14]。成功立事，必順於禮義，故不禮不勝天下，不義不勝人；故賢知之君，必立於勝地，故正天下而莫之敢御也。

右「為兵之數」。

注釋

1 財無敵：使財富的數量無敵於天下。

2 服習：操練，軍事訓練。

3 機：時機，戰機。數：方法，策略。

4 蓋：超過。

5 勢：關鍵。

6 自「王道非廢也」至「天子之禮也」，戴望認為文義不連貫，疑為錯簡，故不加注釋，譯文亦從略。

7 審御：善於把握。

8 獨：特別。

9 懷：歸順，歸附。

10 財：當為「材」。

11 角：較量，比較。練：選擇。

12 右：上等。

13 課：檢驗。

14 圉（粵：雨；普：yǔ）：拘禁。禁圉：阻止，限制。

譯文

用兵的方法，在於積聚財富，使財富的數量天下無敵；在於考究軍事工藝，使工藝天下無敵；在於製造兵器，使兵器天下無敵；在於選拔戰士，使戰士天下無敵；在於管理教育，使管教工作天下無敵；在於軍事訓練，使訓練的水平天下無敵；在於調查各國情況，使調查工作天下無敵；在於明察戰機策略，使時機的把握和策略的運用天下無敵。這樣，軍隊沒有調出國境，就已經在這八個方面無可匹敵了。因此，要想匡正天下，財力不領先於天下不行；財力領先於天下，而工藝不領先於天下不行；工藝領先於天下，而兵器不領先於天下不行；兵器領先於天下，而戰士不領先於天下不行；戰士領先於天下，而管理教育工作不領先於天下不行；管教工作領先於天下，而軍事訓練不領先於天下不行；訓練領先於天下，而不普遍了解天下的情況不行；普遍了解天下的情況，而不明察戰機和策略，還是不能匡正天下。所以，明察戰機和運用策略是用兵的關鍵。首先要掌握的是作戰時機，其次是作戰策略。兵器製成，勇士選定，戰士就有了取勝的信心。普遍了解天下的情況，善於掌握戰機運用策略，就可以所向無敵了。對於友好的國家，要特別給予好處；對於敵對國家，要特別給予懲罰。這樣才能做到令行禁止，所以聖明的君主對此都很重視。戰勝一國而威服百國，天下都會畏懼；

扶植少數而影響多數，天下都會歸附；懲罰有罪，賞賜有功，天下就會服從了。因此，聚集天下精良的物材，研究工匠鋭利的兵器；春秋兩季通過比試加以選擇，把精鋭的列為上等。製成的武器，未經檢查不得使用，未經比試不能入庫。聚集天下的豪傑，擁有天下的勇將。這樣戰士攻敵就能做到像飛鳥一樣矯捷，像雷電一樣迅猛，像風雨一樣狂暴，前面無人能阻擋，後面無人敢偷襲，縱橫馳騁，所向披靡。成功立事，一定要合乎正理與正義。無理的戰爭不能取勝於天下，不義的戰爭不能戰勝他人。賢能明智的君主，一定要立於不敗之地，這樣才能征服天下而沒人敢抵抗。

賞析與點評

儒家歷史觀素有尚古傾向，認為愈古人心愈純樸，故常有人心不古之歎。孔子更希望把社會回復至西周的狀況。《論語・陽貨》記載：「公山弗擾以費畔，召，子欲往。子路不説曰：『末之也已，何必公山氏之之也。』子曰：『夫召我者，而豈徒哉？如有用我者，吾其為東周乎？』」由此足見，孔子認為東周比當代（春秋晚期）的社會狀況理想得多，由此推之，西周亦比東周佳。而《管子》則有近於現代人的進步史觀，認為人類必須向前推展，否則就會遭到淘汰。甚有達爾文（Charles Robert Darwin）的「物競天擇，適者生存」的味道。軍事如此，社會發展也如此。

若夫曲制時舉[1]，不失天時，毋壙地利[2]，其數多少，其要必出於計數[3]。故凡攻伐之為道也，計必先定於內，然後兵出乎境。計未定於內，而兵出乎境，是則戰之自勝[4]，攻之自毀也。是故，張軍而不能戰，圍邑而不能攻，得地而不能實[5]，三者見一焉，則可破毀也。故不明於敵人之政，不能加也[6]；不明於敵人之情，不可約也[7]；不明於敵人之將，不先軍也[8]；不明於敵人之士，不先陳也。是故，以眾擊寡，以治擊亂，以富擊貧，以能擊不能，以教卒練士擊毆眾白徒[9]。故十戰十勝，百戰百勝。

注釋

1 曲制：部隊建制，指軍隊。時舉：按時機行動，利用有利時機發兵。
2 壙：通「曠」，荒廢，廢棄。
3 計數：「計」下不當有「數」字。
4 勝：當為「敗」。據《參患》：「戰之自敗，攻之自毀。」
5 實：鞏固，充實，佔據。
6 加：加兵，出兵。
7 約：約戰，宣戰。

8 軍：進軍。

9 教卒練士：經過教育訓練的士兵。敺眾白徒：未經訓練的烏合之眾。

譯文

關於部隊作戰的時機，不能違背天時，不能忽視地利，軍需數量的多少，關鍵要經過精確計算。所以，凡是攻戰的原則，都要先在國內計劃周密，然後再舉兵出境。計劃沒有事先確定就舉兵出境，那必定會不戰自敗，不攻自破。因此，擺開陣勢還不能確定打仗，包圍城邑還不能確定攻取，得了土地還不能確定據守，三種情況有一種，就必定敗亡。所以，事先不了解敵人的政治，就不能進行戰爭；不了解敵人的軍情，就不能約定戰爭；不了解敵人的將領，就不能率先採取軍事行動；不了解敵人的士兵，就不能率先列陣。因此，要用多數去進攻少數，要用治國去進攻亂國，要用富國去進攻窮國，要用賢能的將領去進攻無能的將領，要用訓練有素的士兵去進攻散漫無能的烏合之眾，才能十戰十勝，百戰百勝。

故事無備，兵無主，則不蚤知[1]；野不辟，地無吏，則無蓄積；官無常，下怨

上，而器械不功[2]；朝無政，則賞罰不明；賞罰不明，則民幸生[3]。故蚤知敵人如獨行[4]；有蓄積則久而不匱；器械功則伐而不費[5]；賞罰明則人不幸；人不幸則勇士勸之。故兵也者，審於地圖，謀十官日[6]，量蓄積，齊勇士[7]，遍知天下，審御機數，兵主之事也[8]。

注釋

1 則不蚤知：「知」下脱「敵」字，應為「則不蚤知敵」。

2 常：常規。功：同「工」，精良，質量好。

3 幸生：僥倖偷生。

4 獨行：指如入無人之境，所向無敵。

5 費：同「拂」，挫折。

6 謀十官日：十，當為「于」，官日，當為「日官」。謀十官日，當為「謀于日官」。

7 齊：統一。

8 兵主之事：軍中主帥的任務。

譯文

所以，戰事沒有準備，部隊又沒有統帥，就不可能預先掌握敵情；荒地沒有開墾，農業又沒有專職官吏，就不可能積蓄糧草；官府沒有常規，工匠抱怨官吏，兵器就不會精良；朝廷沒有政令，獎懲賞罰不明，百姓就僥倖偷生。因此，預先知道敵情，才能夠所向無敵；積蓄糧草，才能夠久戰而不貧困；武器精良，打起仗來才能順利；賞罰嚴明，百姓才不會僥倖偷生；百姓都不僥倖偷生，勇士就會努力。所以，用兵的規律在於要詳細審查地理情況，反覆研究天文氣象，準確計算軍需儲備，嚴格統一士兵訓練，全面掌握敵國情況，謹慎把握戰機，運用策略，這些就是主帥的本職。

故有風雨之行，故能不遠道里矣；有飛鳥之舉，故能不險山河矣；有雷電之戰，故能獨行而無敵矣；有水旱之功，故能攻國救邑；有金城之守，故能定宗廟、育男女矣；有一體之治[1]，故能出號令、明憲法矣。風雨之行者，速也；飛鳥之舉者，輕也；雷電之戰者，士不齊也[2]；水旱之功者，野不收、耕不穫也[3]；金城之守者，用貨財、設耳目也；一體之治者，去奇說、禁雕俗也[4]。不遠道里，故能威絕域之民；不險山河，故能服恃固之國[5]；獨行無敵，故令行而禁止。故攻國救邑，不恃權與之國[6]，故所指必聽；定宗廟、育男女，天下莫之能傷，然後可以有國；制儀法，出號令，莫不回應，然後可以治民一眾矣。

右「選陳」。

注釋

1 一體之治：渾然一體、無懈可擊的政治。

2 齊：排列。

3 野不收、耕不穫：指使敵國田野不能耕種，農業得不到收穫。

4 雕俗：指崇尚奢侈的風俗。

5 恃：憑藉。固：堅固的防禦軍事。

6 權與之國：盟國。

譯文

軍隊行進像風雨，就不怕路途遙遠；舉動像飛鳥，就不怕山河險阻；進攻像雷電，就所向無敵；摧毀效果像水災旱災，就能攻克敵國，攻佔城池；設防固若金湯，就能夠安定宗廟，繁育人口；政治渾然一體，就能發佈號令，嚴明法制。風雨一般的行進，就是要快速；飛鳥一般的舉動，就是要輕捷；雷電一般的進攻，就是要使敵兵來不及佈陣；水旱一般的摧毀效果，就是要使敵方田野無收，耕種無穫；固若金湯的防守，就是要使用財貨，收買間諜；渾然一體的政治，就是要禁止異端邪說和奢侈風俗。軍隊不怕路途遙遠，就能夠威懾遠地的臣民。不怕山河險阻，就能夠征服險固的敵國。所向無敵，就必然令行禁止。攻克敵國，攻佔城池，而不依靠盟國，就能做到所到之處人必聽從。安定宗廟，繁育兒女，沒人敢來傷害，然後就可以鞏固政權。制定法律，發號施令，沒有人不積極響應，然後就可以治理百姓，統一民眾了。

以上是「選陳」。

版法第七

本篇導讀——

版，版牘，古人書寫用的木片和竹簡。所謂版法，即刻在版牘之上的法則。尹知章云：「選擇政要，載之於版，以為常法。」本篇論述了君主執政的三項重大原則問題，即「三經」：「正彼天植」，端正心態，不以個人好惡行事；「風雨無違」，順應天時，量力而行；「遠近高下各得其嗣」，處理好各種人際關係。本篇還提出了君主應該兼愛無遺、正直法度、與民同利等思想，強調君主執政要公正嚴格、誠實守信，體現了《管子》的重法思想。

凡將立事，正彼天植[1]，風雨無違，遠近高下各得其嗣[2]。三經既飭[3]，君乃有國。喜無以賞，怒無以殺。喜以賞，怒以殺，怨乃起，令乃廢。驟令不行[4]，民心乃外；外之有徒，禍乃始牙[5]。眾之所忿，置不能圖[6]。舉所美，必觀其所終；廢所惡，必計其所窮。慶勉敦敬以顯之[7]，富祿有功以勸之[8]，爵貴有名以休之。兼愛無遺，是謂君心。必先順教，萬民鄉風[9]。旦暮利之[10]，眾乃勝任。

注釋

1 天植：指君主的心志。

2 嗣：通「治」。

3 三經：指「正彼天植」、「風雨無違」、「遠近高下各得其嗣」。

4 驟令：屢次下令。

5 牙：通「芽」，萌生。

6 置：《版法解》作「寡不能圖」，當為「寡」。

7 慶：獎賞。

8 富祿：當為「祿富」。

9 鄉風：通「嚮風」，趨從教化。

10 旦暮：從早到晚，指經常。

譯文

大凡君主想要建功立業，就要端正心志，不違背風雨天時，使遠近高下的百姓都得到很好的治理。這三個問題都整飭完善以後，君主才能擁有國家。不可因個人喜好濫賞，不可因個人惱怒濫殺。如果因喜而賞，因怒而殺，百姓就會心生怨恨，政令就會廢弛。政令屢次廢弛，百姓就會有外心；有外心者結為黨徒，禍亂就開始萌芽。民眾怨怒紛紛，少數人是難以應付的。興辦所喜歡的事情，一定要考慮到它的結果；廢除所厭惡的事情，一定要估計到它的後果。用賞賜、慰勞來表彰敦厚恭敬的人，給予俸祿使有功之人富有，授予爵位給有名望的人使他尊貴，兼愛而無遺漏，這才是君主的胸懷。一定要對百姓進行教育訓導，百姓才會趨從風化。要經常給予百姓好處，百姓才會恪盡職守。

賞析與點評

政治家與政客的分別在於「凡將立事，正彼天植」，後者計較自己的利益多於人民的福祉，前者反之，具有遠大的政治使命、高潔的人格風骨。著名評論家克拉克（James Freeman

Clarke）一語道破二者的區別：「政客是為了下一次的選舉，政治家卻是為了下一代。」近代中國受西方影響，認為政治人物只要為人民做事，則不必看重其個人品格。但本段指出，執政者私心太重，必然會處事不公，最後會引發內外交困，不能服眾。中國傳統文化對政治人物有較高的品德要求是非常合理的。

取人以己[1]，成事以質[2]。審用財，慎施報，察稱量[3]。故用財不可以嗇，用力不可以苦[4]。用財嗇則費[5]，用力苦則勞。民不足，令乃辱[6]；民苦殃，令不行。施報不得，禍乃始昌；禍昌不寤[7]，民乃自圖[8]。正法直度，罪殺不赦；殺僇必信[9]，民畏而懼。武威既明，令不再行。頓卒怠倦以辱之[10]，罰罪宥過以懲之[11]，殺僇犯禁以振之[12]。植固不動，倚邪乃恐[13]。倚革邪化[14]，令往民移。法天合德[15]，象地無親[16]，參於日月，佐於四時[17]。悅在施[18]，有眾在廢私，召遠在修近，閉禍在除怨。修長在乎任賢[19]，高安在乎同利。

注釋

1 取人以己：取用於人要比照自己。

2 質：實，實際。

3 稱量：計量輕重的工具，引申為事物的分量、限度。

4 苦：指使用民力過度。

5 費：同「拂」，悖逆。

6 辱：繁縟，繁複。

7 寤：睡醒，引申為醒悟或覺悟。《楚辭．離騷》：「閨中既以邃遠兮，哲王又不寤。」《後漢書．班彪傳上》：「仰寤東井之精，俯協河圖之靈。」「寤」通「悟」。

8 圖：圖謀，此處有圖謀造反之意。

9 僇：通「戮」，殺戮。

10 頓卒：斥責。頓，挫折。卒，同「啐」，呵斥。

11 宥過：當為「有過」，據《版法解》。

12 振：通「震」，震懾。

13 倚邪：通「奇邪」，指行為乖戾邪僻。

14 革：除去。化：改正。

15 合德：同德。

16 無親：無所私親，指不計親疏，一視同仁。

17 佐：當為「伍」，據《版法解》：「與……為伍」。

18 悅在施：當作「悅眾在愛施」。

19 修：當為「備」。備長：備長久之道，為長遠作打算。

譯文

取用於人應比照一下自己，辨事應根據實際力量。要詳細審查財力的使用，謹慎對待施惠和報酬，明察事物的分量與限度。所以，君主用財於民不能吝嗇，徵用民力不能過度。用財吝嗇百姓就會反抗，用力過度百姓就會疲勞。百姓貧困，政令就繁複無效；百姓苦於勞役之災，政令就無法貫徹。施惠報酬不得當，禍亂就開始萌芽；禍亂萌芽而君主還不覺悟，百姓就會圖謀造反。法律公正，制度明確；殺戮有罪，不予寬赦；執行殺戮必守信用，百姓就會畏懼。權威明示於眾，法令就不必重申。斥責怠惰的人，使他受到羞辱；嚴罰有過的人，使他受到懲戒；殺戮犯罪的人，使人受到震懾。君主執法之心堅定不移，乖戾邪僻的人就會恐懼。乖戾邪僻的行為有所改正，法令所到之處，百姓就會順令而動。君主應該效法上天，對萬物遍施恩德；模仿大地，對萬物無私無親，與日月參合，與四時並列。取悅百姓在於施愛加惠，擁有百姓在於廢除私心，招致遠民在於修好國內，避免禍亂在於消除民怨。實現宏圖大志在於任用賢能，鞏固尊貴地位在於與民同利。

幼官第八

本篇導讀——

幼官，應作「玄宮」，即明堂，古代帝王宣明政教的地方，朝會、祭祀、慶賞、選士、養老、教學等大典都在此舉行。明堂的規模、形制、方位都有定制。

本文內容涉獵廣泛，分十章，按照五行、五方、四季排列，以中央土主季夏，統治四方四時，每章都包含兩方面的內容：月令與方物、政令與兵法。月令與方物部分主要講述了君主在不同時節衣食住行的行為規範和旗幟、兵器、刑法的使用規定；政令與兵法部分講述了治國、用兵之道，內容多與闡述政治思想和軍事思想的篇章相通，政治方面如「九守」、「八揆」、「七勝」、「六紀」等篇，軍事方面如「七法」、「兵法」等篇。

本篇原是圖文並行，後圖亡佚。

若因夜虛守靜[1]人物，人物則皇[2]。五和時節[3]，君服黃色，味甘味，聽宮聲，治和氣，用五數[4]，飲於黃后之井[5]，以倮獸之火爨[6]。藏溫濡[7]，行歐養[8]，坦氣修通。凡物開靜[9]，形生理。常至命，尊賢授德則帝[10]；身仁行義，服忠用信則王[11]；審謀章禮[12]，選士利械則霸；定生處死，謹賢修伍則眾[13]；信賞審罰，爵材祿能則強；計凡付終[14]，務本飭末則富；明法審數，立常備能則治。同異分官則安[15]。

注釋

1 若因：劉師培云：「疑『若圖』之訛。」夜虛守靜：據《幼官圖》當為「處虛守靜」。

2 皇：指成就皇業。

3 五和時節：指夏季最末之月。尹知章注：「土生數五，土氣和，則君順時節而布政。」

4 用五數：五和時節，故用五數。

5 黃后之井：中央之井。

6 倮獸：無毛或短毛的野獸。倮獸之火：中央之火。爨（粵：寸；普：cuàn）：燒火，炊。

7 濡：柔軟。

8 歐：通「嘔」，養育。歐養：保養。

9 開：通「愷」，安樂。

10 帝：成就帝業。

11 身：躬。服：行。

12 審謀章禮：仔細謀劃，明確禮法。章，通「彰」，顯明。

13 謹：敬。伍：五家為伍。

14 計凡：計算總數。付：通「符」，查驗，檢驗。

15 同異分官：依據不同職務，分官而治。

譯文

遵守虛靜原則，人和萬物才能取法先皇，成就皇業。土氣和順時節，君主穿着黃色服裝，吃甜味食物，聽宮聲音樂，調理和順之氣，器械使用五數，飲用中央之井的水，燒火用中央之火。心懷溫和柔順，精心養育萬物，調理疏通體氣；萬物開通虛靜，形體生成，合於天理。君主遵循常理竭盡使命，尊重賢能任用人才，可成帝業。倡導仁愛施行義理，選拔任用忠信之臣，可成王業。審慮謀略彰明禮節，精選兵士修利武器，可成霸業。安定民生安葬民死，敬重賢德修睦百姓，可贏得民心。賞功有信罰過審明，封爵才者授祿能人，可使國家強盛。計劃財政核查收支，重視農業整頓工商，可使國家富強。修明法度詳審政策，確立常規配備能臣，可使國家安定。按照不同職務，實行分官治理，可使國家長治久安。

賞析與點評

《史記・太史公自序》曰：「嘗竊觀陰陽之術，大祥而眾忌諱，使人拘而多所畏；然其序四時之大順，不可失也。」此段文字明顯是集儒家的仁義禮智與陰陽家的五行之說合而為一，生成盡人事、聽天命的哲學。此看似迷信，其實不過是教人按規律而行事，現代人講人定勝天，結果常心力交瘁，實不可不深切反思。

通之以道，畜之以惠，親之以仁，養之以義，報之以德，結之以信，接之以禮，和之以樂，期之以事，攻之以官，發之以力，威之以誠。一舉而上下得終[1]，再舉而民無不從，三舉而地辟散成[2]，四舉而農佚粟十[3]，五舉而務輕金九[4]，六舉而絜知事變[5]，七舉而外內為用，八舉而勝行威立，九舉而帝事成形。

注釋

1 舉：舉措，行政。上下得終：指考核上下都得到好的政績。

2 散成：當作「穀成」。地辟穀成：指土地開發，五穀有了收成。

3 十：郭沫若云：「『十』乃『豐』之壞字」。農佚粟十：農民安逸而糧食豐富。

4 九：郭沫若云：「『九』字疑『充』字之殘。」務輕金九：徭役減輕而財帑充足。

5 絜（粵：揭；普：xié）：用繩圍量粗細，引申為衡量，測量。絜知事變：可以衡量判斷世事的變化。

譯文

君主用道理開導臣民，用恩惠蓄養臣民，用仁愛親近臣民，用道義培養臣民，用仁德回報臣民，用信用交結臣民，用禮節接待臣民，用音樂和悅臣民，從行事上檢驗臣民，從言論上考察臣民，用強力激發臣民，用訓誡威懾臣民。這樣施政一年，舉國上下，必終其事；施政兩年，民眾響應，無不服從；施政三年，土地開發，五穀豐收；施政四年，農民安樂，糧食豐裕；施政五年，徭役減輕，國帑充足；施政六年，世事變化，規律掌握；施政七年，外交內政，為我所用；施政八年，勝局實現，國威確立；施政九年，帝王大業，事就功成。

賞析與點評

《管子》的經濟思想，歷來為學者所重視，這一段可見其治國的先後位次。作者認為先要發展農業，使糧食豐足，當國家財政穩定，就要減輕賦稅。《管子》一書不認為國庫要愈多愈好，而指出只須夠國家正常用度即可，藏富於民才是執政者所應遵守之原則。反觀今日，有些政府總是以庫房儲備豐厚為榮，不以人民生活為優先考慮，實為捨本逐末的做法。隋朝大興糧倉，本是為了不時之需，然遇上糧荒，卻不肯放賑，結果大失民心，埋下亡國之伏筆。《隋書・食貨志》載：「（隋末）是時百姓廢業，屯集城堡，無以自給。然所在倉庫，猶大充牣，吏皆懼法，莫肯賑救，由是益困。初皆剝樹皮以食之，漸及於葉，皮葉皆盡，乃煮土或擣藁為末而食之。其後人乃相食。十二年，帝幸江都。是時李密據洛口倉，聚眾百萬……義師入長安，發永豐倉以賑之，百姓方蘇息矣。」中國傳統經濟思想強調藏富於民，對國富民窮的現象也不表認同。

九本搏大[1]，人主之守也；八分有職[2]，卿相之守也；十官飾勝備威[3]，將軍之守也；六紀審密[4]，賢人之守也；五紀不解[5]，庶人之守也。動而無不從，靜而無不同。治亂之本三[6]，卑尊之交四[7]，富貧之終五，盛衰之紀六，安危之機七[8]，強弱之應八[9]，存亡之數九[10]。練之以散群傰署[11]，凡數財署[12]。殺僇以聚財[13]，勸勉以遷眾[14]。使二分具本[15]，發善必審於密[16]，執威必明於中。

此居圖方中。

注釋

1 九本：見《九守》，主位、主明、主聽、主賞、主問、主因、主周、主參、督名九個方面應遵循的原則。搏大：當作「博大」，宏博寬大。

2 八分：見《君臣上》八揆，主畫之，相守之；相畫之，官守之；官畫之，民役之。符節、印璽、典法、策籍。指這八種測度、衡量的依據各有職司。

3 十官飾勝備威：當為「七勝備威」。七勝：見《樞言》，指眾勝寡、疾勝徐、勇勝怯、智勝愚、善勝惡、有義勝無義、有天道勝無天道。此言七勝之道，足以樹立軍威。

4 六紀：下文有「盛衰之紀六」，疑指「六乘」，即殺、生、貴、賤、貧、富，見《小匡》。

5 五紀：當為「五終」，下文有「富貧之終五」，疑指「五事」，見《立政》。不解：不懈。

6 治亂之本三：疑指「三本」，見《立政》。

7 卑尊之交四：當作「安危之機四」，見《立政》。與「安危之機七」互訛。

8 安危之機七：當作「卑尊之交七」。交，讀為「效」，疑指七法。見《七法》，即則、象、法、化、決塞、心術、計數。

9 強弱之應八：即八觀，見《八觀》。

10 存亡之數九：即九敗，見《立政》。

11 練：此處可讀為「統」，統之，總指上文。備群：解散徒眾。

12 凡數財署：當作「風教則著」，四字皆形近致誤。據郭沫若說。

13 僇：通「戮」。

14 遷眾：改變民眾習俗，移風易俗。

15 使二分具本：指使以上兩方面都要具備文本依據。

16 發善：與下句「執威」為對文。發善，謂行賞；執威，謂行刑。

譯文

有九項根本原則，宏博寬大，是君主必須遵守的；有八項測度標準，各有其責，是卿相必須遵守的；有七條制勝之道，足以立威，是將軍必須遵守的；有六條決定盛衰的綱紀，詳審嚴密，是賢人必須遵守的；有五條決定貧富的總則，不可懈怠，是百姓必須遵守的。治亂的根本有三項，安危的關鍵有四項，貧富的規則有五項，盛衰的綱紀有六項，尊卑的法則有七項，強弱的對應有八項，存亡的規律有九項。檢驗以上幾個方面，就要解散朋黨瓦解團伙，進行風俗教化方能成效顯著。殺戮罪犯以聚集財物，獎勵善行以移風易俗。兩方面都要處理有據。行賞一定要周密審查，行刑一定要申明於國內。以上處於「玄宮圖」方中。

春行冬政肅，行秋政雷[1]，行夏政閹[2]。十二地氣發[3]，戒春事[4]；十二小卯，出耕；十二天氣下，賜與；十二義氣至[5]，修門閭；十二清明，發禁；十二始卯[6]，合男女；十二中卯，十二下卯，三卯同事。八舉時節[7]，君服青色，味酸味，聽角聲，治燥氣，用八數，飲於青后之井[8]，以羽獸之火爨[9]。藏不忍，行歐養，坦氣修通；凡物開靜，形生理。

注釋

1 雷：當為「霜」，據《四時》「行秋政則霜」。

2 閹：掩蔽。

3 十二：指十二天。本篇春夏秋冬四季，春秋各分為八個節氣，夏冬各分為七個節氣，共計三十個「十二」，合為一年三百六十日。「十二」可能為當時一個節氣的週期。地氣發：疑與下文「小卯」、「天氣下」等均為節氣名。地氣，指地中之氣。

4 戒：同「誡」，告誡。春事：春天的農事。

5 義氣：當為「和氣」。

6 始卯：宋本作「始毋」。陳奐云：「『毋』當作『毌』，音貫，古毌、卯聲同。」始卯指開始產卵，動物交尾產卵多發生在春秋二季。

7 八舉時節：即上述春季八個節氣。

8 青后之井：東方之井。

9 羽獸：指鳥類。

譯文

春季實行冬季的政令就會寒冷肅殺，實行秋季的政令就會霜霧瀰漫，實行夏季的政令就會遮蔽陽氣。從初春開始的節氣和行事為：十二天為「地氣發」，務必要抓緊春耕農事；十二天為「小卯」，要開始耕作；十二天為「天氣下」，要頒行獎賞；十二天為「和氣至」，要修整門閭；十二天為「清明」，要開放禁令；十二天為

「始卯」，適宜男女婚嫁；十二天為「中卯」，十二天為「下卯」，三卯期間行事相同。在以上八個時節，君主要穿着青色服裝，吃酸味食物，聽角聲音樂，治燥熱之氣，器械取數用八，飲用東方之井的水，用南方之火做飯。要有惻隱之心，精心養育萬物，調理疏通體氣；萬物開通虛靜，形體生成，合於天理。

合內空周外[1]，強國為圈[2]，弱國為屬。動而無不從，靜而無不同。舉發以禮，時禮必得[3]。和好不基[4]，貴賤無司[5]，事變日至[6]。

此居於圖東方方外。

注釋

1 合內空周外：「空」字疑為衍文。合內周外，指天下各地。

2 圈：當作「眷」。強國為眷，弱國為屬，指強弱都已經服從，如同眷屬。

3 時：處。

4 基：通「惎」，罪惡。不基，指沒有憎惡，引申為不生嫌隙。

5 司：通「辭」，指獄訟。無司：指沒有獄訟，引申為沒有紛爭。

6 事變：指意外事變。至：通「窒」，堵塞，阻止。

譯文

天下各地，強國為親屬，弱國為藩屬。君主有所行動時沒有不跟從的，靜守無為時沒有不隨同的。行為居處遵守禮節，處事循禮必有所得。保持和睦不生嫌隙，貴賤融洽沒有紛爭，意外事變就不會發生。

以上處於「玄宮圖」東方方外。

夏行春政風，行冬政落[1]，重則雨雹，行秋政水。十二小郢[2]，至德。十二絕氣下，下爵賞[3]。十二中郢，賜與。十二中絕，收聚。十二大暑至[4]，盡善。十二中暑，十二小暑終，三暑同事。七舉時節，君服赤色，味苦味，聽羽聲，治陽氣，用七數，飲於赤后之井[5]，以毛獸之火爨。藏薄純[6]，行篤厚，坦氣修通；凡物開靜，形生理。

注釋

1 **落**：指雨連綿不斷。

2 **郢**：通「盈」、「贏」，滿。此處小郢、中郢，指白日時間見長。

3 **下爵賞**：當為「爵賞」，「下」字疑為衍。

4 **大暑**：疑為「小暑」。下文「小暑終」當為「大暑終」。

5 **赤后之井**：南方之井。

6 **薄純**：博大純正。薄，通「博」。

譯文

夏季實行春季的政令就會颳起大風，實行冬季的政令就會雨水不絕，嚴重時就會下冰雹，實行秋季的政令就會洪水泛濫。從初夏開始的節氣和行事為：十二天為「小郢」，要招致賢德；十二天為「絕氣下」，要封爵賞賜；十二天為「中郢」，要賜予佈施；十二天為「中絕」，要收穫內藏；十二天為「小暑至」，要行善施愛；十二天為「中暑」，十二天為「大暑終」，三暑期間行事相同。以上七個時節中，君主要穿着赤色服裝，吃苦味食物，聽羽聲音樂，治陽盛之氣，器械用七數，飲南方之井的水，用西方之火做飯。要胸懷博大純正，寬厚待人，調理疏通體氣；

萬物開通虛靜，形體生成，合於天理。

定府官[1]，明名分，而審責於群臣有司，則下不乘上[2]，賤不乘貴。法立數得，而無比周之民[3]，則上尊而下卑，遠近不乖[4]。此居於圖南方方外。

注釋

1 定府官：指確定高低官階。

2 乘：越，犯。

3 比周：結黨營私。

4 乖：乖錯，指越軌行為。

譯文

確定高低官階，明確上下名分，檢查官員盡職情況，這樣下就不會犯上，賤就不會犯貴。明確法度後人人遵守，沒有人結黨營私，這樣就能上下尊卑有序，親疏遠近都不會有越軌的行為。

以上處於「玄宮圖」南方方外。

賞析與點評

僭越是儒家、法家之大忌，《論語・泰伯》：「子曰：不在其位，不謀其政。」曾子曰：「君子思不出其位。」這成了歷史上為官者的警語。《晉書》載：「成常謂之曰：『汝聞不在其位，不謀其政，無數千時，將為博識者不許。吾非疾汝，恐或不喜人妄豫耳，自是可止。汝後得意，自可專意。』」即為一例也。古人認為上下名分不定，下位者就會侵奪上位者的威權。古希臘也稱這種人為僭主（tirannos）。尊名分乃古代階級分明時代的產物，今天人人生而平等是為普世價值，不在其位，亦應各抒己見，參與時政，批判權貴，所以上下名分不再恪守，人人都是社會的主人。另外，上文也提及結黨營私，此亦是古人之大忌，清代康熙帝就是以此理由廢太子，上諭曰：「宋仁宗三十年未立太子，我太祖、太宗亦未豫立。漢、唐已事，太子幼沖，尚保無事；若太子年長，左右群小結黨營私，鮮有能無過者……凡人幼時猶可教訓，及長而誘於黨類，便各有所為，不復能拘制矣。立皇太子事，未可輕定。」（《清史稿・聖祖諸子列傳》）。朝廷嚴防朋黨，「詔戒朋黨相訐」（《宋史・仁宗本紀》）乃怕結黨易形成壓力團體，損害統治者之威信。然而，現今社會卻以結黨來制衡統治者的權力，達致平衡之道，維護「無權者之權力」

（捷克前總統哈維爾之語）。

秋行夏政葉，行春政華，行冬政耗。十二期風至[1]，戒秋事。十二小卯，薄百爵[2]。十二白露下，收聚。十二復理，賜與。十二始節，賦事。十二始卯[3]，合男女。十二中卯，十二下卯，三卯同事。九和時節，君服白色，味辛味，聽商聲，治濕氣，用九數，飲於白后之井[4]，以介蟲之火爨[5]。藏恭敬，行搏銳[6]，坦氣修通，凡物開靜，形生理。

注釋

1 期：丁士涵云：「『期』乃『朗』字誤。朗風，涼風也。」

2 薄：勉勸。

3 始卯：同春季應作「始卯」。

4 白后之井：西方之井。

5 蟲：當為「獸」。介獸：有介殼的動物，如龜類。

6 搏銳：郭沫若云：「『搏』猶博也，『銳』當為『悅』，言心地寬博而愉悅。」

譯文

秋季實行夏季的政令會枝繁葉茂，實行春季的政令會百花爭放，實行冬季的政令會草木凋零。從初秋開始的節氣和行事為：十二天為「朗風至」，要抓緊秋收農事；十二天為「小卯」，要勉勵百官；十二天為「白露下」，要收穫內藏；十二天為「復理」，要頒行獎賞；十二天為「始節」，要徵收賦稅；十二天為「始卌」，適宜男女婚嫁；十二天為「中卯」，十二天為「下卯」，三卯期間行事相同。在以上九個時節內，君主要穿着白色服裝，吃辛味食物，聽商聲音樂，治濕露之氣，器具用九數，飲用西方之井的水，用北方之火燒飯。要心懷恭敬謹慎，寬厚愉悦，調理疏通體氣；萬物開通虛靜，形體生成，合於天理。

閒男女之畜[1]，修鄉閭之什伍，量委積之多寡[2]，定府官之計數。養老弱而勿通[3]，信利周而無私[4]。

此居於圖西方方外。

注釋

1 閒：通「簡」，檢閱，視察。

2 委積：原指官名，《周禮．地官．遺人》：「掌邦之委積，以待施惠。」引申為積蓄，累積。

3 通：當為「遺」，遺漏

4 信：讀為「申」。利周：當為「利害」，據《幼官圖》。

譯文

視察男女的蓄養情況，整治鄉里的什伍組織，計算糧食儲備的多少，核定官府的財政預算。贍養老弱之人不要遺漏，申明利害不要偏私。

以上處於「玄宮圖」西方方外。

冬行秋政霧，行夏政雷，行春政烝泄[1]。十二始寒，盡刑。十二小榆[2]，賜予。十二中寒，收聚。十二中榆，大收。十二寒[3]，至靜。十二大寒之陰，十二大寒終，三寒同事。六行時節，君服黑色，味鹹味，聽徵聲，治陰氣，用六數，飲於黑后之井[4]，以鱗獸之火爨[5]。藏慈厚，行薄純，坦氣修通，凡物開靜，形生理。

注釋

1 烝泄：泄而上蒸。

2 楡：通「緰」，縮短，可引申為長短。小郢、中郢取白日時間見長之義，小楡、中楡取白日時間見短之義。

3 十二寒：當為「十二大寒」。

4 黑后之井：北方之井。

5 鱗獸：有鱗的動物，如龍、蛇之類。

譯文

冬季實行秋季的政令會陰霧瀰漫，實行夏季的政令會雷閃雷鳴，實行春季的政令會燥氣上行。從初冬開始的節氣和行事為：十二天為「始寒」，要禁用刑罰；十二天為「小楡」，要頒行獎賞；十二天為「中寒」，要收藏聚斂；十二天為「中楡」，要大穫收成；十二天為「大寒」，要進入靜養；十二天為「大寒之陰」，十二天為「大寒終」，三寒期間行事相同。在以上六個節氣中，君主要穿着黑色的服裝，吃鹹味食物，聽徵聲音樂，治陰冷之氣，器具用六數，飲用北方之井的水，用東方之火燒飯。要心懷仁慈敦厚，待人接物純樸，調理疏通體氣；萬物開通虛靜，形體生成，合於天理。

器成於僇[1]，教行於鈔[2]。動靜不記[3]，行止無量[4]。戒審四時以別息[5]，異出入以兩易[6]，明養生以解固[7]，審取予以總之[8]。一會諸侯，令曰：非玄帝之命，毋有一日之師役[9]。再會諸侯，令曰：養孤老，食常疾，收孤寡[10]。三會諸侯，令曰：田租百取五。市賦百取二。關賦百取一。毋乏耕織之器[11]。四會諸侯，令曰：修道路，偕度量[12]，一稱數。藪澤以時禁發之。五會諸侯，令曰：修春秋冬夏之常祭，食天壤山川之故祀必以時[13]。六會諸侯，令曰：以爾壤生物共玄官[14]，請四輔[15]，將以禮上帝。七會諸侯，令曰：官處四體而無禮者[16]。流之焉莠命[17]。八會諸侯，令曰：立四義而毋議者[18]，尚之於玄官[19]，聽於三公。九會諸侯，令曰：以爾封內之財物，國之所有為幣[20]。九會，大命焉出[21]，常至[22]。千里之外，二千里之內，諸侯三年而朝，習命；二年，三卿使四輔；一年正月朔日，令大夫來修，受命三公。二千里之外，三千里之內，諸侯五年而會至，習命；三年，名卿請事[23]；二年，大夫通吉凶。十年，重適入，正禮義；五年，大夫請受變。[24]三千里之外，諸侯世一至，置大夫以為廷安[25]，入共受命焉[26]。

此居於圖北方方外。

注釋

1 僇：同「繆」，周到。

2 鈔：同「妙」，仔細。

3 記：同「紀」，紀律。

4 量：度量，規則。

5 戒審四時以別息：當為「戒四時以別息」。戒，慎重。

6 出入：指出納。兩：整飭。易：交易。

7 固：或作「故」。解固：解除凶災。

8 之：疑為「乏」之誤。

9 師役：戰爭。

10 孤寡：當為「鰥寡」。

11 耕織之器：指耕田、織布的生產工具，即農業、手工業的主要生產資料。

12 偕度量：劃一度量標準。偕，同。

13 食：當為「飭」。

14 共：通「供」。玄官：當為「玄宮」。下文八會諸侯令中「尚之於玄官」中「官」亦為「宮」之誤。

15 四輔：指輔政或助祭的大臣。古代天子身邊的四個輔佐。《書・洛誥》有「四輔」之稱。

16 四體：指視、聽、言、動的肢體器官，或指輔政官員。四體無禮：指錯誤言行。

17 荐命：亂命，或敗壞教令。

18 義：同「儀」。議：通「俄」，邪僻。「立四義而毋議」即處四體而有禮之意，指言行可嘉。

19 尚：賞。

20 幣：進貢的財物。

21 焉：於此。

22 常至：照章必至，指諸侯按規定時間來朝聘。

23 名卿：命卿，謂命於天子之卿。受命於朝廷，故稱命卿。

24 十年，重適入，正禮義；五年，大夫請受變：此句應依俞樾說移至下文「三千里之外，諸侯世一至」之後。

25 廷安：疑為「廷官」，即駐留在朝廷的官。

26 入共：入貢，納入貢物。

譯文

器物由於製作精細而成功，教化由於施教細緻而得以實行。動靜失去了紀律，行止就沒有了規範。要慎重根據四時來改變作息，依據收支情況以調整交易，要明了休養生息以解除凶災，審查財物取予來總計匱乏。第一次會集諸侯下令說：沒有玄帝的命令，即使是一天的戰事都不允許發生。第二次會集諸侯下令說：要供養孤老，供養常病者，供養鰥夫寡婦。第三次會集諸侯下令說：田租只收取百分之五，市場收稅百分之二，關卡收稅百分之一，不要讓百姓缺乏耕織的生產工具。第四次會集諸侯下令說：要修築道路，劃一度量標準，統一重量計算；林藪湖澤要按時封禁開放。第五次會集諸侯下令說：修明春秋冬夏的常設祭祀，整飭天地山川的例行祭祀，都必須按時進行。第六次會集諸侯下令說：將你們地方的產品進貢於玄宮，並且請四輔主持，禮祭上帝。第七次會集諸侯下令說：為官而在視、聽、言、動方面無禮的，以穢亂教化的罪名流放。第八次會集諸侯下令說：在視、聽、言、動方面可以立為表率而無邪僻行為的，在玄宮進行賞賜，由三公主持。第九次會集諸侯下令說：用你們封國之內的財物和特產，為禮品進貢。九次會合諸侯，發佈命令，諸侯是照章必到的。一千里以外，二千里以內的諸侯，每三年來朝一次，修習命令；每二年派遣三卿來朝，向四輔報告情況；每年正月初一，派大夫前來修好，受命於三公即可。二千里以外，三千里以內的諸侯，每五年來朝一次，修習命令；每三年派特命之卿前來辦事；每二年派大夫前來通告國情。三千里以外的諸侯，三十年來朝一次；每十年派世子來朝以正禮儀；每五年派大夫來朝請求接受治國的指示；還要委派大夫為常駐朝廷的官吏，負責交納貢物，接受天子命令。

以上處於「玄宮圖」北方方外。

必得文威武[1]，官習勝務。時因，勝之終[2]；無方，勝之幾[3]；行義，勝之理[4]；名實，勝之急[5]；時分，勝之事[6]；察伐，勝之行[7]；備具，勝之原[8]；無象，勝之本[9]。定獨威，勝[10]；定計財，勝[11]；定聞知，勝；定選士，勝；定制祿，勝[12]；定方用，勝[13]；定綸理，勝[14]；定死生，勝；定成敗，勝；定依奇，勝[15]；定實虛，勝；定盛衰，勝。舉機誠要則敵不量[16]，用利至誠則敵不校[17]。明名章實則士死節，奇舉發不意則士歡用[18]。交物因方則械器備[19]，因能利備則求必得[20]。執務明本則士不偷[21]，備具無常無方應也[22]。

注釋

1 得：通「德」。德文威武，指要求文官有德，武官有威。

2 時因，勝之終：張佩綸云：「『時因』當作『因時』。『終』，『紀』之誤。」

3 無方：沒有固定的法度，變化無方。幾：通「機」，關鍵。

4 行義：兵行正義。

5 名實：宣揚戰士的戰績。名，作動詞。

6 時分：時刻，時間，指抓緊時間，分秒必爭。

7 察伐：明察征伐之事。

8 備具：完備攻戰的器具。具，指攻戰器具和兵器。

9 無象：沒有表現和跡象，指行動隱蔽，無跡可尋。

10 定：審定。獨威：指統一權威。

11 計財：計算財用。

12 制祿：因公頒祿。

13 方用：指製造軍器上的因方致用。

14 綸：通「倫」，綸理，指用兵的條理順序。

15 依奇：疑為「正奇」，古代兵法術語。

16 舉機誠要：把握戰機確實得其要領。

17 校：讀為「較」，對抗。

18 舉發：指發兵。「奇」字疑為衍。

19 交物因方：按照方案考校兵器裝備。交，通「校」。

20 因能利備：根據人的特長選備人才。

21 執務明本：掌握關鍵，明確根本。偷：苟且，僥倖。

22 備具：準備。無方應：無法應對。

譯文

必須做到文官有德，武官有威；官吏應修習勝敵的策略。把握時機是制勝的總則，兵法無常是制勝的前提，兵行正義是制勝的正理，宣揚戰績是制勝的急務，抓緊時間是制勝的大事，明察功績是制勝的動力，戰具完備是制勝的源頭，軍行隱蔽是制勝的根本。能確定統一權威的可以制勝，能確定計算財用的可以制勝，能審定敵軍情報的可以制勝，能確定選擇將士的可以制勝，能確定祿賞制度的可以制勝，能審定軍器製造方案的可以制勝，能審定事物倫類次序的可以制勝，能審定死生的可以制勝，能審定成敗的可以制勝，能審定正兵與奇兵的可以制勝，能審定虛實的可以制勝，能審定盛衰形勢的可以制勝。把握戰機得其要領，敵人便無法估量；利用優勢完全真實，敵人便無法抗拒。顯耀名聲表彰戰績，將士就甘心死節；運用奇兵出敵不意，將士就樂於為用。考核軍備講究方法，兵器就能完備；因材用人有備無患，人材就有求必得。按照職務明定本分，將士就不會苟且敷衍；完備軍械天下無敵，敵人就無法應付了。

聽於鈔故能聞未極[1]，視於新故能見未形[2]，思於濬故能知未始[3]，發於驚故能至無量[4]，動於昌故能得其實[5]，立於謀故能實不可故也[6]。器成教守，則不遠道里；號審教施[7]，則不險山河；博一純固[8]，則獨行而無敵；慎號審章，則其攻不待權與[9]。明必勝則慈者勇，器無方則愚者智[10]，攻不守則拙者巧，數也。動慎十號[11]，明審九章[12]，飾習十器[13]，善習五官[14]，謹修三官。必設常主[15]，計必先定。求天下之精材，論百工之銳器，器成角試否臧[16]；收天下之豪傑，有天下之稱

材[17]，說行若風雨[18]，發如雷電。

此居於圖方中。

注釋

1 鈔：通「眇」，細微。聞未極：能聽到尚未到來的聲音。

2 新：萌芽狀態。

3 濬：深遠。

4 驚：通「警」，警戒。

5 昌：疑為「冒」。

6 實：準備充分。故：疑為「攻」。

7 號審：號令明確。

8 博一：應作「專一」。博、摶（通「專」）形近而誤。

9 權與：指權與之國，即盟國或外援之國。與，通「輿」。

10 方：通「防」。

11 動：當作「勤」。十號：十種號令。

12 九章：九種旗幟。見《兵法》篇。

13 飾：通「飭」。器：指兵器。飾習十器，《兵法》篇作「九器」。

14 五官：當作「五教」，即耳、目、足、手、心的動作要領。

15 常主：固定的主帥。

16 角試否臧：比較好壞優劣。角，較。臧，善。

17 稱：好。稱材：指人材，良材。

18 說：讀為「脫」。「行」疑為衍。

譯文

聽得細微，所以能聽到還沒有到來的聲音；看到萌芽，所以能觀察到還沒有形成的事物；想得深遠，所以能想到還沒有開始的事情；發動急速，所以能出乎敵人的意料；敢於冒險，所以能奪得敵國的寶器；深於謀劃，所以能兵甲堅實而不被敵國攻破。武器完好又嚴守教令，就不怕遠道行軍；號令嚴明又施行訓練，就不怕山河險阻。目標專一而意志堅定，就可以所向無敵；申明號令而旗幟分明，就可以破敵而不靠外援。堅定必勝的信心，慈和的人也會變得勇猛；攻打沒有防禦的軍隊，愚蠢的人也會變得精明；攻打沒有守備的城池，笨拙的人也會變得巧妙。這都是必然的道理。要慎重對待十種號令，明確分辨九種旗幟，監督操練十種兵器，善於修習五種要領，嚴格訓練三種標識。軍隊要設置固定的主帥，作戰計劃必須先行確定。要徵集天下的精良之材，評審各種工匠的精銳武器；武器製成後要比試優劣。要廣納天下的豪傑，擁有天下的能手。一旦發兵，就像風雨般迅速，像雷電般猛烈。

以上處於「玄宮圖」方中。

旗物尚青[1]，兵尚矛，刑則交寒害釱[2]。器成不守經不知[3]，教習不著發不意。經不知，故莫之能圉；發不意，故莫之能應。莫之能應，故全勝而無害。莫之能圉，故必勝而無敵。四機不明[4]，不過九日而游兵驚軍；障塞不審[5]，不過八日而外賊得間；由守不慎[6]，不過七日而內有讒謀；詭禁不修[7]，不過六日而竊盜者起；死亡不食[8]，不過四日而軍財在敵。

此居於圖東方方外。

注釋

1 旗物尚青：此居於圖東方方外，依據五行學說，東方屬木，故旗物尚青。

2 **交寒害釱**：皆刑具。交，通「校」，指木囚；寒，「蹇」之誤，指木枷上的鎖；害，通「轄」，手銬；釱（粵：弟；普：dì），腳鐐。

3 **不守**：當為「不若」。下文「教習不著」中「不著」當為「不若」。

4 **四機**：指敵政、敵情、敵將、敵士，見《兵法》篇。

5 **障塞**：指防禦工事。

6 **由**：當為「申」。申守指再次加強守備。

7 **詭禁**：防範欺詐行為。修：整頓。

8 **死亡不食**：不奉養敢死的勇士。亡，當為「士」。

譯文

旌旗、飾物用青色，兵器用矛，刑具用木械。武器完好，不如神不知鬼不覺地越過敵境；教練熟習，不如出其不意地攻擊敵人。入境而敵人不知，敵人就無法防禦；發兵能出敵不意，敵人就無法應付。敵人無法應付，就能大獲全勝而自己不受損害；敵人無法防禦，就能每戰必勝而所向無敵。不了解四項機要，不出九日軍心就會渙散動搖；不注重防禦工事，不出八日外敵就會趁機而入；不謹慎戒備，不出七日內部就會出現讒言；不禁止陰謀欺詐，不出六日就會出現竊盜之徒；不奉養敢死的將士，不出四日財物就會落入敵軍之手。

以上處於「玄宮圖」東方方外。

旗物尚赤[1]，兵尚戟，刑則燒交疆郊[2]。必明其一[3]，必明其將，必明其政，必明其士，四者備，則以治擊亂，以成擊敗。數戰則士疲，數勝則君驕，驕君使疲民，則國危。至善不戰[4]，其次一之[5]。大勝者，積眾勝無非義者[6]，焉可以為大勝。大勝，無不勝也。

此居於圖南方方外。

注釋

1 旗物尚赤：此居於圖南方方外。依據五行學說，南方屬火，故尚赤。

2 燒交疆郊：均為火刑之名。

3 一：當為「情」。

4 不戰：不戰而勝。

5 一之：指一戰而勝。

6 衆勝：多次勝利。無非義者：所進行的戰爭都是正義的。

譯文

旌旗、飾物用赤色，兵器用戟，刑罰用火刑。必須了解敵情，必須了解敵將，必須了解敵方政事，必須了解敵方士兵。掌握了這四個方面，就可能以有序攻擊混亂，以成功攻擊失敗。多次出戰，戰士會疲勞不堪；多次獲勝，君主會驕傲自滿。驕傲的君主驅使疲勞的人民作戰，國家會危在旦夕。最好的用兵策略是不戰而勝，其次是一戰而定。所謂大勝，指的是積累多次勝利而沒有不義之舉，才能算得上大勝。取得了大勝，就是無往而不勝的。

以上處於「玄宮圖」南方方外。

旗物尚白[1]，兵尚劍，刑則紹昧斷絕[2]。始乎無端，卒乎無窮。始乎無端，道也。卒乎無窮，德也。道不可量，德不可數。不可量，則衆強不能圖。不可數，則為詐不敢鄉[3]。兩者備施，動靜有功。畜之以道，養之以德。畜之以道，則民和。養之以德，則民合。和合故能習[4]，習故能偕，偕習以悉，莫之能傷也。

此居於圖西方方外。

注釋

1 旗物尚白：此居於圖西方方外。依據五行學說，西方屬金，故尚白。

2 紹昧斷絕：均為刀劍斷斬之刑。

3 為：通「偽」。鄉：通「嚮」。

4 習：通「輯」，和諧。

譯文

旌旗、飾物用白色，兵器用劍，刑罰用金刑。開始時沒有緣由，終結時沒有窮盡。開始時沒有緣由，是因為通達於道；終結時沒有窮盡，是因為通達於德。道是不可估量的，德是不可測算的。不可估量，所以眾多的強國也不能圖謀我軍；不可測算，所以偽詐的敵軍也不敢對抗我軍。兩者兼而施之，無論動兵或息兵，都能取得成功。養兵要合於道德，合於道百姓就會和睦，合於德百姓就會團結。和睦團結就能凝聚力量，凝聚力量就能協調。百姓的力量能凝聚協調，萬眾一心，那就誰也不能損害了。

以上處於「玄宮圖」西方方外。

旗物尚黑[1]，兵尚脅盾，刑則游仰灌流[2]。察數而知治，審器而識勝，明謀而適勝[3]，通德而天下定。定宗廟，育男女，官四分[4]，則可以立威行德，制法儀[5]，出號令。至善之為兵也，非地是求也，罰人是君也[6]；立義而加之以勝，至威而實之以德[7]，守之而後修，勝心焚海內[8]。民之所利立之，所害除之，則民人從。立為六千里之侯，則大人從[9]。使國君得其治，則人君從會。請命於天，地知氣和，則生物從[10]。計緩急之事，則危危而無難[11]。明於器械之利，則涉難而不變。察於先後之理，則兵出而不困。通於出入之度，則深入而不危。審於動靜之務，則功得而無害也。著於取與之分，則得地而不執[12]。慎於號令之官[13]，則舉事而有功。

此居於圖北方方外。

注釋

1 旗物尚黑：此居於圖北方方外，依據五行學説，北方屬水，故尚黑。

2 游仰灌流：均為水刑之名。

3 適：通「敵」。

4 官四分：指士、農、工、商分業治事。

5 法儀：法度。

6 罰：疑為「非」。

7 至：通「致」。至威：形成威懾。

8 焚：當為「樊」，包圍。心樊海內：內心想着控制天下。

9 大人：大臣，三公四輔。

10 生物：萬物。

11 危危：極度危險。

12 執：通「慹」，畏懼，害怕。

13 官：事。

譯文

旌旗、飾物用黑色，兵器用脅盾，刑罰用水刑。考察治兵方法可以知道國家是否安定，審查武器狀況可以預知戰爭是否獲勝，善於謀算就可以戰勝敵人，實行德政就可以安定天下。能安定宗廟、繁育兒女、四民分業治事，就可以確立權威、推行德政、制定儀法、頒行號令了。用兵的最終目標，不是為了佔領別國的土地，也不是為了統治別國的百姓。樹立正義以戰勝為保證，給予威懾以德政為內容；用文德教化來保持勝利果實，旨在控制天下。興百姓之利，除百姓之害，則各國百姓服從。受擁立為方圓六千里的侯爵，大臣就會服從。幫助其他各國君主治理好國家，別國的君主就會服從。祭天除病，水土合宜，那麼萬物都會服從。分清事情的緩急，遇到極度危險就不會陷於災難。重視武器的精良，遇到災難就不會驚慌失措。通曉先發後發的道理，調兵出境也不會陷於困境。懂得離敵、接敵的節度，深入敵境也不會陷於危局。審視行動和靜守的重要，會獲得成功而不會有所損害。明確取予的區別，擁有土地而沒有憂患。謹慎發佈號令，一旦行動就會成功。

以上處於「玄宮圖」北方方外。

宙合第十一

本篇導讀——

宙，指古往今來；合，指「六合」，即上下四方。宙合意指宇宙時空，包羅萬象。本篇內容廣泛，上涉天時，下涉地利，君臣之道、論人用賢、制法修德等無所不及。體例為先經後解，即第一段為經，經文是全文的提綱，後面段落為傳，分別對經文進行逐句解說。所以本篇保留了經的原文，只對解的各段進行了釋譯。本篇具體內容大概有以下幾個方面：強調了教化的力量，主張通過教化使人心向善，認為為百姓制定法度，頒佈舉措，彰顯是非，都是極為必要的；闡述了一些為人處世的基本原則，告誡人們要謙虛謹慎，戒驕戒躁，不要自以為是；提出了不少關於用人方面的獨到見解，比如勿用奸佞之臣，勿聽讒言媚語等等。

【經】

左操五音，右執五味。懷繩與准鉤，多備規軸，減溜大成，是唯時德之節。春采生，秋采蓏，夏處陰，冬處陽，大賢之德長。明乃哲，哲乃明，奮乃苓，明哲乃大行。毒而無怒，怨而無言，欲而無謀。大揆度儀，若覺臥，若晦明，若敖之在堯也。毋訪於佞，毋蓄於諂，毋育於凶，毋監於讒，不正廣其荒。不用其區區，烏飛准繩。譩充末衡，易政利民。毋犯其凶，毋遖其求而遠其憂，高為其居，危顛莫之救。可淺可深，可浮可沉，可曲可直，可言可默。天不一時，地不一利，人不一事。可正而視；定而履，深而跡。夫天地一險一易，若鼓之有楟，擿擋則擊。天地，萬物之橐，宙合有橐天地。

【傳】

「左操五音[1]，右執五味[2]」，此言君臣之分也[3]。君出令佚[4]，故立於左[5]；臣任力勞，故立於右。夫五音不同聲而能調，此言君之所出令無妄也[6]，而無所不順，順而令行政成。五味不同物而能和，此言臣之所任力無妄也，而無所不得，得而力務財多。故君出令，正其國而無齊其欲[7]，一其愛而無獨與是[8]，王施而無私，則海內來賓矣[9]。臣任力，同其忠而無爭其利，不失其事而無有其名，分敬而無妒[10]，則夫婦和勉矣。君失音則風律必流[11]，流則亂敗；臣離味則百姓不養；百姓不養，則眾散亡。君臣各能其分，則國寧矣。故名之曰不德[12]。

注釋

1 五音：宮、商、角、徵、羽。
2 五味：酸、辛、鹹、苦、甘。
3 分：職分，本分。
4 佚：通「逸」，安逸。
5 立：通「位」，下同。
6 無妄：不隨意妄為。
7 齊：通「濟」，滿足。欲：欲望，愛好。
8 獨與是：即獨自以為其是。與，同「為」。
9 賓：服從，歸順。

10 分敬：相互尊敬。

11 失音：即五音不協調。下文「離味」即五味不協調。風律：聲律，音律。

12 丕：通「丕」，大。

譯文

「左操五音，右執五味」，講的是君臣各自的名分。君主發令是安逸的，所以居於左；人臣出力是勞頓的，所以居於右。五音不同聲而能協調，這是說君主出令不是沒有準則的，因而就沒有不順的，順則政令暢行政事成功。五味不同物而能調和，這是說人臣出力辦事也不是沒有準則的，因而沒有不成的，有所成就就能使事物妥善處理，國家財政充實。所以君主發令，是為了匡正國家而不是為了滿足私欲，是與民同愛而非獨行其是，如此施德而無私，則四海歸服。人臣出力，恪盡忠心而不爭奪私利，不失本職而不爭奪虛名，如此勤敬而無所忌妒，則天下男女都能和諧共勉。君主行事失調，則國家的教化成果必然流敗，流敗則國家混亂；人臣行事失去協調，則不能供養百姓；百姓不得供養，從而離散逃亡。君臣各盡其本職，國家就安寧了。所以稱之為「大德」。

賞析與點評

本段超越了一般人大講忠君愛國、夫唱婦隨的單向性思維，提出雙向的責任與尊重，才能維繫真正的和諧關係。有同理心的人才懂易地而處，如此才能明白付出才有收穫，非盲目講人民要愛國，執政者反要自問是否已盡責。男女相處之道也如是，不能計較自身付出了多少，而要想想對方的感受，關係才能長久。

「懷繩與准鉤[1]，多備規軸[2]，減溜大成[3]，是唯時德之節[4]。」夫繩扶撥以為正[5]，准壞險以為平，鉤入枉而出直，此言聖君賢佐之制舉也[6]。博而不失[7]，因以備能而無遺。國猶是國也，民猶是民也，桀紂以亂亡，湯武以治昌。章道以教[8]，明法以期[9]，民之興善也如化，湯武之功是也。多備規軸者，成軸也。夫成軸之多也，其處大也不究[10]，其入小也不塞，猶跡求履之憲也[11]，夫焉有不適善？適善，備也，僊也[12]，是以無乏。故諭教者取辟焉[13]。天淯陽[14]，無計量；地化生，無法厓[15]。所謂是而無非，非而無是，是非有，必交來。苟信是，以有不可先規之[16]，必有不可識慮之[17]。然將卒而不戒[18]。故聖人博聞多見，畜道以待物[19]。物至而對形[20]，曲均存矣。減，盡也。溜，發也。言偏環畢，莫不備得，故曰減溜大成。成功之術，必有巨獲[21]。必周於德，審於時，時德之遇，事之會也，若合符然。故曰是唯時德之節。

注釋

1 懷：懷藏，掌握。繩與准鉤：比喻治國的法度。繩以取直，準（准）以取平，鉤以劃曲。

2 規軸：圓規之軸，比喻法度。

3 減溜大成：指全面完備得宜。減，即「咸」。大成，完備之意。

4 時德：時機與德望。

5 撥：不正。

6 制舉：制，指制度，法度。舉，謂興舉，實行。

7 博而不失：全面詳盡而無所遺失。指法度功能完備無遺。

8 章道以教：彰明治國之道以教民。章，同「彰」，彰明。

9 期：必，堅決。

10 不究：「究」當為「窈」，細、小之意。

11 憲：此處指木製的鞋形模具。

12 僊：讀為「選」，選擇，選用。

13 取辟：即取法，借鑒。辟，通「譬」，樣式。

14 涓陽：一說「陽」當為「養」，涓陽即育養。

15 法厓：一說原為「泮厓」，即畔崖，指邊際。

16 規：同「窺」。

17 識慮：辨認細想。

18 卒：同「猝」，突然。

19 畜：同「蓄」，貯備，積累。

20 對形：即比照已有的範型。形，同「型」，模式，規範。

21 巨獲：當為「矩矱」，指規矩。

譯文

「懷繩與准鉤，多備規軸，減溜大成，是唯時德之節。」繩可以扶偏為正，準可以變陡為平，鉤可以矯曲為正，這是說聖君賢臣治理國政之舉措的。法度詳備而沒有缺陷，其功能也就完備無缺。國家還是這個國家，百姓還是這些百姓，桀紂因亂而衰亡，湯武卻因治而昌盛。彰顯道德來教化百姓，明示法度來約束行為，百姓人心向善都是教化的力量，湯武的成功就在於此。所謂「多備規軸」，是指要準備各種工具。工具繁多，用在大地方不會有空缺，進入小地方不會有堵塞，就像按照足跡大小製鞋一樣，怎麼會不合適呢？之所以很合適，是因為準備得十分齊全，可供挑選使用，所以沒有不夠用的情況。所以主持教化的人可以取法於此。上天養育萬物，是難以估量的；大地孕育萬物，是沒有止境的。所謂「是」就不是「非」，「非」就不是「是」，「是」與「非」又是相互聯繫的，必然同時到來。如果認為某一事物為「是」，是因為先規定另一事物為「非」，並且這個為「非」的事物已經為人認識到了，而且還以此為借鑒。事物的出現總是令人猝不及防的，所以，聖人只能增加自己的見聞，積累自己辨識的經驗來認識新事物。新事物一出現，與舊知識一參照，是非曲直就一目了然了。「減」是全部的意思，「溜」是發展的意思。這是說局部和總體都要得到完善，無不兼備，就是所謂「減溜大成」。成功之道，必然存在着不可變更的規矩，必然存在着周全完善的道德，必然明察於時機。時機與德行兼備，事情就能成功，就像將兩半兵符合二為一一樣相合無間。所以把這稱為「唯時德之節」。

「春采生，秋采蓏[1]，夏處陰，冬處陽。」此言聖人之動靜、開闔、詘信、浧儒[2]，取與之必因於時也。時則動，不時則靜，是以古之士有意而未可陽也[3]。故愁其治言[4]，含愁而藏之也。賢人之處亂世也，知道之不可行，則沉抑以辟罰[5]，靜默以侔免[6]。辟之也猶夏之就清，冬之就溫焉，可以無及於寒暑之菑矣。非為畏死而不忠也，夫強言以為僇[7]，而功澤不加，進傷為人君嚴之義，退害為人臣者之生，其為不利彌甚。故退身不舍端[8]，修業不息版[9]，以待清明。故微子不與於紂之難[10]，而封於宋，以為殷主。先祖不滅，後世不絕，故曰大賢之德長。

注釋

1 蓏（粵：裸；普：luǒ）：指瓜類植物的果實。

2 詘（粵：屈；普：qū）信：屈伸。浧儒：疑為「盈繻」，即「盈縮」之意。

3 陽：顯現。

4 愁：收斂。

5 辟：同「避」。下文「辟之也」同。

6 侔：同「謀」，謀取。侔免：求免災禍。

7 強言以為僇：強進諫言而招致殺身之禍。僇，同「戮」。

8 端：通「專」，指朝笏，大臣上朝奏事所持的板子。

9 修：疑為「休」，休業即解職或退休。版：版牘，古時用於書寫的木板。

10 微子：商紂的庶兄，名啟，封於微。

譯文

「春采生，秋采蓏，夏處陰，冬處陽。」這是說聖人的動靜、開闔、屈伸、取予，如何把握必須依時機而定。時機合適就行動，不合適就不行動。所以，古代賢士常常心存志向而不張揚，而是收斂言辭，隱藏內心。賢士處於亂世，知道其治世之道行不通，就潛伏起來以躲避刑罰，靜默無言以求免禍。其行為就好比是夏天到清涼的地方，冬天到溫暖的地方，才不會遭受寒冷酷暑的的災害。這並不是因為怕死而不忠於國君。強進諫言只會招致殺身之禍，而功效毫無，既傷害了君主的尊嚴，又傷害了臣子的性命，這都是極為不利的事情。所以他隱退而不肯扔掉笏板，停職也不放下版書，以等待政治清明的時世。所以，微子並沒有跟隨紂王赴難，而是受封於宋國，充當殷遺民的封君，使祖先不被湮滅，後代也不斷絕，所以說大賢人的德澤是長遠的。

賞析與點評

《孟子》曰：「古之人，得志，澤加於民；不得志，修身見於世。窮則獨善其身，達則兼善天下。」即與上文大抵主張相近，也是反對匹夫之勇，更重退讓一時，他日收復失地。蘇軾《留侯論》文首即言：「古之所謂豪傑之士者，必有過人之節。人情有所不能忍者，匹夫見辱，拔劍而起，挺身而鬥，此不足為勇也。天下有大勇者，卒然臨之而不驚，無故加之而不怒。此其所挾持者甚大，而其志甚遠也。」此也與本段相合，提出大隱隱於市的道理。本章的道家思想特別明顯，吸收了老莊明哲保身的哲學，提出忍一時風平浪靜的處世態度。沉默可分為很多種，一是沒有內涵的沉默，一是以退為進的沉默，本段屬後一類。然而，更高境界的沉默是對自以為是的譏諷，是對不公者的抗議，這些人往往為人所知，卻又不易見其人，在現代社會中作無聲的抗議。

「明乃哲，哲乃明，奮乃苓[1]，明哲乃大行。」此言擅美主盛自奮也[2]，以琅湯淩轢人[3]，人之敗也常自此。是故聖人著之簡筴，傳以告後進，曰：「奮盛，苓落也。盛而不落者，未之有也。」故有道者，不平其稱[4]，不滿其量，不依其樂[5]，不致其度。爵尊則肅士，祿豐則務施，功大而不伐，業明而不矜。夫名實之相怨久矣，是故絕而無交。惠者知其不可兩守[6]，乃取一焉，故安而無憂。

注釋

1 奮：興盛。苓：通「零」，衰落。

2 擅美主盛自奮：均指驕傲自滿。擅，獨專。

3 琅湯凌轢（粵：礫；普：lì）：驕傲放蕩，欺凌他人。轢，欺凌。

4 不平其稱：不要使自己的分量十足，要保持謙虛的意思。稱，同「秤」。

5 依：盛大。

6 惠：通「慧」，聰明。

譯文

「明乃哲，哲乃明，奮乃苓，明哲乃大行。」這是說自以為獨專其美，自我誇耀，獨自奮發，常以放肆的態勢去欺凌他人，人的失敗常常是由此開始的。因此聖人把這個道理寫入簡冊，傳告後進之士說：奮，是興盛；苓，是衰落。只興盛而不衰落的事，從來沒有。所以，有修養的人不驕傲自滿，不自以為是，不自我吹噓，不盛氣凌人。爵位尊貴才會使士人恭敬整肅，俸祿豐厚才能使事務妥善處理，功勞巨大而不自我誇耀，業績顯赫而不矜持傲慢。名稱與實際的矛盾由來已久，互相排斥而不能結合。明智的人懂得這兩者不能兼有，於是只取其一，所以能安寧無憂。

賞析與點評

本段繼續就道家名實相斥的辯題而發揮。人類往往為名而生，為名而死。知識分子為名而讀書，為名而寫作。當代社會卻一反常態，有所謂網上百科全書，集億萬網民之知識，不為名而讀書，這恐怕是古人意想不到的發展。

「毒而無怒」，此言止忿速濟沒法也[1]。「怨而無言」，言不可不慎也；言不周密，反傷其身。故曰「欲而無謀」。言謀不可以泄，謀泄菑極。夫行忿速遂[2]，沒法賊發[3]，言輕謀泄[4]，菑必及於身。故曰：毒而無怒，怨而無言，欲而無謀。

注釋

1 止忿速濟：控制忿怒速成其事。

2 遂：成功。

3 沒法賊發：用沒命之法去查獲盜賊。

4 言輕：言語不謹慎。

譯文

「毒而無怒」，這是說平息忿怒可以速成其事。「怨而無言」這是說說話不可不謹慎。説話不周到嚴密，反而傷害自身。「欲而無謀」，這是說計謀不可外泄，計謀外泄則招致災禍。若是用激發忿怒的辦法速成其事；用連同處死的法律查獲盜賊；而且還發言輕率，謀劃外泄，災禍一定累及於自身。所以說：有所厭惡也不要忿怒，有怨氣不要説話，有計謀不要商議。

「大揆度儀[1]，若覺臥[2]，若晦明[3]」，言淵色以自詰也[4]，靜默以審慮，依賢可用也。仁良既明，通於可不利害之理，循發蒙也[5]。故曰，若覺臥，若晦明，若敖之在堯也。

注釋

1 大揆度儀：深謀遠慮的態度。

2 覺臥：張目而睡。比喻雖處迷境，可以致悟。

3 晦明：在黑暗中明察。

4 淵色：深沉靜默的神色。自詰：自我反省。

5 發蒙：啓發蒙昧。

譯文

「大揆度儀，若覺臥，若晦明」，這是說用深沉的態度自我反省，用靜默的態度深思熟慮，要依靠賢才的智慧。採納仁良之士的主張，在精通是非利害的道理後，就像啟發了蒙昧。所以說：要像睜着眼睛睡覺，要像在暗夜裏明察，要像敖在堯的管教之下。

「毋訪於佞」[1]，言毋用佞人也，用佞人則私多行。「毋蓄於諂」[2]，言毋聽諂，聽諂則欺上。「毋育於凶」，言毋使暴，使暴則傷民。「毋監於讒」，言毋聽讒，聽

讒則失士。夫行私、欺上、傷民、失士、此四者用，所以害君義失正也[3]。夫為君上者，既失其義正，而倚以為名譽[4]。為臣者不忠而邪，以趨爵祿，亂俗敗世，以偷安懷樂，雖廣其威，可損也。故曰不正廣其荒。是以古之人，阻其路，塞其遂[5]，守而物修[6]，故著之簡筴，傳以告後世人曰：其為怨也深，是以威盡焉。

注釋

1 訪於佞：訪問聘用奸邪之人。
2 蓄：同「畜」。
3 義：通「儀」，法度。
4 倚：依賴。
5 遂：道，通道。
6 物：當作「勿」。

譯文

「毋訪於佞」，這是說不可任用奸佞之人，任用奸佞則將嚴重行私。「毋蓄於諂」，這是說不可保護讒媚行為，保護讒媚則將欺騙君上。「毋育於凶」，這是說不可使用兇暴手段，手段兇暴則將傷害百姓。「毋監於讒」，這是說不可聽信讒言，聽信讒言則將失去賢士。推行私理、欺騙君主、傷害百姓、失去賢士，這四種弊政用上，就是損害法度失去公正的原因。身為君主，喪失了儀法與政績，還想要依賴它們取得名譽；身為臣子，不忠而邪僻，以用它追求爵祿，亂風俗敗世道，以便偷安享樂；即使國家威力再大，也是要損壞的。所以說：治國方針不端正，即使國家大也是要滅亡的。因此，古人阻止這四種弊政的途徑，堵塞它們的通道，堅守不放。所以寫在書上，傳下來告誡後人說：造怨深重者，國威將喪失殆盡。

「不用其區」，區者，虛也。人而無良焉[1]，故曰虛也。凡堅解而不動[2]，陼堤而不行[3]，其於時必失，失則廢而不濟[4]。失植之正而不謬[5]，不可賢也。植而無能，不可善也。所賢美於聖人者，以其與變隨化也[6]。淵泉而不盡，微約而流施[7]。是以德之流潤澤均加於萬物。故曰：聖人參於天地。「鳥飛准繩」，此言大人之義也。夫鳥之飛也，必還山集谷；不還山則困，不集谷則死。山與谷之處也，不必正直，而還山集谷，曲則曲矣，而名繩焉[8]。以為鳥起於北，意南而至於南；起於南，意北而至於北。苟大意得，不以小缺為傷。故聖人美而著之曰[9]：千里之路，不可扶以繩；萬家之都，不可平以准。言大人之行，不必以先帝常，義立之謂賢。故為上者之論其下也，不可以失此術也。

注釋

1 良：良久，長久。

2 解：當為「結」。堅結，堅硬。

3 陼堤：通「堵堤」，阻塞。如堵如堤。形容固定不移。

5 濟：成功。

5 失植：當為「天植」，指心。

6 與變隨化：與時俱進。

7 約：繩子，此處以繩比喻水流微細。

8 繩：直。

9 著：著書。

譯文

「不用其區」，區，是虛的意思。人生沒有長久不變的，所以說要虛靜。凡是固結事物而不靈活，停滯事物而不發展，那必然失掉時機。失掉時機就壞事而不能成功。治國者只心正而無謬誤，還不能稱賢；正直而無才能，也不能稱美。聖人之所以被譽為賢美，是因為聖人參與並順隨天地萬物的發展變化。好比淵泉之水沒有枯竭，微微細細而不斷流，因此，潤澤的恩德能均勻地施加給萬民。所以說：聖人能參與天地的變化。「鳥飛准繩」，這是說偉大人物的準則。鳥飛翔，最終要返回到山上，集合在山谷裏。不飛回到山上則疲困，不集合到山谷則死亡。所處的山谷，不一定平正筆直。而飛回山谷的路線，更是曲折又曲折，卻仍說是像準繩一樣直。因為鳥從北方起飛，想要到南方就飛到南方；從南方飛起，想要到北方就飛到北方。如果大的方向是正確的，不可因小的曲折成為妨礙。所以，聖人稱美並寫在書裏說：長達千里的道路，不可能用繩墨來撥直，大到萬家的都城，不可能用準具來取平。這是說偉大人物的行動，不必拘守先例與常規，只要確立適宜於當時的標準就可以稱之為賢。所以，君主在考評臣下的時候，不可丟掉這個論人的方法。

「謏充」[1]，言心也，心欲忠。「末衡」[2]，言耳目也，耳目欲端[3]。中正者[4]，治之本也。耳司聽，聽必順聞，聞審謂之聰。目司視，視必順見，見察謂之明。心司慮，慮必順言，言得謂之知[5]。聰明以知，則博。博而不惛，所以易政也[6]。政易民利，利乃勸[7]，勸則告。聽不順，不審不聰，不審不聰則繆[8]。視不察不明，不察不明則過。慮不得不知，不得不知則昏。繆過以昏則憂，憂則所以伎苛[9]，伎苛所以險政，政險民害，害乃怨。怨則凶，故曰：讂充末衡，言易政利民也。

注釋

1 讂：遠。讂充：心胸開闊。
2 末衡：耳目平正。
3 端：正。
4 中正：當為「忠正」。
5 知：同「智」。
6 易政：政事平易。
7 勸：勉勵。
8 繆：同「謬」。

9 伎苛：嫉妒苛刻。伎，通「忮」，妒忌。

譯文

「詹充」，是說心，心要求忠；「末衡」，是說耳目，耳目要求端正。忠與正，是治國之本。耳管聽，聽必定要求順利聽到，聽得明審就稱為耳聰。目管看，看必定要求順利看見，看得清楚就稱為目明。心管思慮，思慮必定要求順暢的語言，語言得宜就稱為智慧。聰明加上智就能專一，專一而不昏亂，就帶來安定的政治。政治安定，百姓有利；有利則勤勉，勤勉則吉祥。聽得不明審就談不上聰，不審不聽則陷於荒謬。看得不準確就談不上明，不準不明就陷於錯誤。思慮不得宜就談不到智，不宜不智就陷於昏亂。荒謬錯誤加上昏亂則思想陷於困擾，困擾就帶來嫉妒苛刻，嫉妒苛刻就導致險惡的政治。政治險惡使百姓受害；百姓受害則怨恨，怨恨則兇險。所以說：心胸要充實，耳目要端正，政治要安定，要有利於百姓。

「毋犯其凶」，言中正以蓄慎也[1]。「毋遍其求」[2]，言上之敗常，貪於金玉馬女，而忝愛於粟米貨財也[3]。厚藉斂於百姓[4]，則萬民懟怨[5]。「遠其憂」，言上之亡其國也。常遖其樂[6]，立優美[7]，而外淫於馳騁田臘，內縱於美色淫聲，下乃解怠惰失[8]，百吏皆失其端。則煩亂以亡其國家矣。「高為其居。危顛莫之救」，此言尊高滿大，而好矜人以麗[9]，主盛處賢，而自予雄也[10]；故盛必失而雄必敗。夫上既主盛處賢，以操士民，國家煩亂，萬民心怨，此其必亡也，猶自萬仞之山，播而入深淵[11]，其死而不振也必矣[12]。故曰：毋遖其求，而遠其憂，高為其居，危顛莫之救也。

注釋

1 蓄慎：保持謹慎。

2 毋遖其求：指不可只顧眼前利益的要求。

3 忝愛：過分珍惜，吝嗇。

4 厚藉斂：徵收過重的賦稅。

5 懟：怨恨。

6 遖其樂：近於音樂歌舞。

7 優美：當為「優笑」，即倡優之類。

8 解：通「懈」。失：通「佚」，安逸。

9 麗：美麗，光彩。

10 自予雄：自詡為英雄。

11 播：捨棄。

12 振：救。

譯文

「毋犯其凶」，這是說立身中正而必須保持謹慎。「毋邇其求」，這是說君主敗亡常因貪戀於金玉寶器、駿馬美女，而又吝惜糧食、財物，向百姓橫徵暴斂，這樣萬民怨恨。「遠其憂」，這是說君主亡國，經常是因為接近享樂、不離倡優，外則沉溺於馳騁田獵，內則放縱於美色淫聲，臣下懈怠懶惰，百官皆失其正派作風，這樣政事繁雜混亂，國家走向滅亡。「高為其居，危顛莫之救」，這是說身居高位，狂妄自大，而好自我炫耀；君主以氣盛賢君的自詡態度來操持臣民，就會造成國家繁雜混亂，萬民怨恨，這就必定要走向滅亡。這好比從萬仞高山上跌入深淵，其死亡而不能相救成為必然。所以說：不可只顧眼前，而應當懷有遠慮；居於極高的境地，到了危險的頂峰就無法挽救了。

「可淺可深，可沉可浮，可曲可直，可言可默[1]」，此言指意要功之謂也[2]。「天不一時，地不一利，人不一事」，是以著業不得不多[3]，人之名位不得不殊[4]。方明者察於事，故不官於物而旁通於道[5]。道也者，通乎無上，詳乎無窮，運乎諸生[6]。是故辯於一言，察於一治[7]，攻於一事者，可以曲說[8]，而不可以廣舉[9]。聖人由此知言之不可兼也，故博為之治而計其意[10]。知事之不可兼也，故名為之說，而況其功[11]。歲有春秋冬夏，月有上下中旬，日有朝暮，夜有昏晨，半星辰序[12]，各有其司，故曰天不一時。山陵岑巖[13]，淵泉閎流，泉踰瀷而不盡[14]，薄承瀷不滿[15]。高下肥磽[16]，物有所宜，故曰地不一利。鄉有俗，國有法，食飲不同味，衣服異采，世用器械，規矩繩準，稱量數度，品有所成，故曰人不一事。此各事之儀，其詳不可盡也。

注釋

1 可言可默：指可言則言，不可言則不言。

2 指意要功：根據所要表達的意願選擇效果。

3 著業不得不多：職業不能不分為多種。

4 殊：不同的方面，多樣。

5 官：局限。旁通：猶言廣通。

6 諸生：諸物。

7 治：辭。

8 曲說：解釋說明局部。

9 廣舉：廣泛運用。

10 博為之治而計其意：多用言辭來考慮選擇能表達其意義的。

11 況：比況。

12 半星：半夜。辰序：星辰的次序。

13 岑：小而高的山。巖：山崖。

14 瀷：小而急的水流。

15 薄：通「泊」，淺水窪。

16 磽（粵：敲；普：qiāo）：土堅硬而瘠薄。

譯文

「可淺可深，可沉可浮，可曲可直，可言可默」，這是說行動要考慮意圖和功效。天不只有一個時序，地不只有一種物利，人的活動不只限於一件事情。因此，事業不能不分為多種，名位不能不分為多樣。明智的人深通事物這一特點，所以不局限於事物，能廣泛體會到事物的本源——道。道，能通達到無上之高，概括無窮之多，並可運用於各種事物。因此，僅僅分清一句話，明白一個詞，掌握一件事，那只可談其片面，而不能廣泛起作用。聖人由此懂得一種言辭不能兼有多義，所以，增加言辭來考慮用意；懂得一種事情不能兼備通例，所以增多說法來比較功效。年有四季，月有三旬，日有朝暮，夜有昏晨，而天空星辰的運動次序，各有所主。所以說：天不只有一個時序。山陵岑巖，淵泉水流，泉水飛越小水流而不枯竭，湖泊承受小水流而不滿溢。土地高下肥瘠，物產各有所宜。所以說：地不只有一種物利。鄉有習俗，國有法度，飲食不同味，衣服不同色，常用器械，規矩準繩，稱量數度，各事皆有成規。所以說：人的活動不限於一件事情。天地人事，各有所宜，那詳細的情況，不能盡說。

「可正而視」[1]，言察美惡，審別良苦[2]，不可以不審。操分不雜[3]，故政治不悔。「定而履」，言處其位，行其路，為其事，則民守其職而不亂，故葆統而好終[4]。「深而跡」，言明墨章書[5]，道德有常，則後世人人修理而不迷[6]，故名聲不息。

注釋

1 而：同「爾」，汝。下文兩「而」同。正而視：端正你的看法。
2 別良苦：鑒別好壞。
3 操：掌握。操分：各按其職分。
4 葆：保持。
5 書：當作「畫」。明墨章書：明確繩墨尺寸，彰顯規劃格式。
6 修：循。

譯文

「可正而視」，這是說要分清美惡，區別優劣，這不可不審慎對待。掌握標準，分清美惡優劣而不混雜，政事的治理就不會有悔恨的情況。「定而履」，這是說坐在你的位子上，走你的路，做你的事，百姓就會各守職分而不混亂，所以能保持正統而贏得好的結果。「深而跡」，這是說公開目標和法度，使道德立有常規，這樣，後代人人遵循常理而不陷於昏亂。所以名聲流傳不息。

賞析與點評

世人常問：「壞人在現實多未見有報應，而不少好人卻不得善終，何也？」司馬遷在《史記．伯夷列傳》中慨歎說：「或曰：『天道無親，常與善人。』若伯夷、叔齊，可謂善人者非邪？積仁絜行如此而餓死！且七十子之徒，仲尼獨薦顏淵為好學。然回也屢空，糟糠不厭，而卒蚤夭。」本段嘗試以另一角度切入，處理這個千古難題。

與佛教、基督教、伊斯蘭教等思想體系不同，先秦諸子崇尚現實生活，多無強烈的宗教傾向，然這又如何以「終極關懷」來約制人的行為呢？本段提出了「歷史審判說」，認為後世人會對道德敗壞者口誅筆伐，留下千古罵名，這是一種非宗教式的「報應」學說。然而，對一般人而言，他們既不會寫入史籍，也不會留下甚麼名聲，對大多數人來說，「歷史審判說」似乎無甚作用。但是，這些人或會在「家族史冊」裏，為後人忽略，以「無言」來抗議不道德的行為，也算是一種表態。那麼沒有後人、傳人的不義者又如何？他們會在「朋友史冊」、「學校史冊」裏得到應有的對待。所謂「善有善報，惡有惡報，若然未報，時辰未到」而已。

「夫天地一險一易，若鼓之有桴[1]，擿揞則擊[2]。」言苟有唱之，必有和之，和之不差，因以盡天地之道。景不為曲物直[3]，響不為惡聲美。是以聖人明乎物之性者必以其類來也，故君子繩繩乎慎其所先[4]。「天地，萬物之橐也[5]，宙合有橐天地。」天地苴萬物[6]，故曰萬物之橐。宙合之意，上通於天之上，下泉於地之下，外出於四海之外，合絡天地，以為一裹。散之至於無閒，不可名而山。是大之無外，小之無內，故曰有橐天地，其義不傳。一典品之，不極一薄[7]，然而典品無治也。多內則富，時出則當。而聖人之道，貴富以當。奚謂當？本乎無妄之治，運乎無方之事，應變不失之謂當。變無不至，無有應當，本錯不敢忿。故言而名之曰宙合。

注釋

1 楟：鼓槌。

2 擿擋則擊：鼓響是因為擊打它。比喻事物有打擊必有反響。擿擋，指鼓聲。

3 景：通「影」。

4 繩繩乎：形容戒懼的樣子。

5 橐（粵：託；普：tuó）：指口袋或包袱。有底稱囊，無底稱橐。

6 苴：一種草包，引申為包裹。

7 典品：指整理。薄：古代記事的木板。一典品之，不極一薄：一旦整理起來，還不到一版。

譯文

「夫天地一險一易，若鼓之有桴，擿擋則擊。」這是說如果前有所唱，後必有所和，和與唱不能有差錯，因為這是反映天地之規律的。影子不會使彎曲的物體變得筆直，回聲不會使刺耳的聲音變得動聽。因此聖人明察事物的本性，其往來必定以同類相聚。所以，君子的言行舉止總是小心翼翼，謹慎對待其先行所倡導的。「天地，萬物之橐也，宙合有橐天地。」天地包裹着萬物，所以叫萬物之橐。宙合的意思，是向上通於蒼天之上，向下深於土地之下，外出於四海之外，把天地合攏包紮成一個包裹。散開後可以達到無限，不能得其名而任其散佈，這樣大到無外不到，小到無內不入。所以說它能包藏天地，宙合的義理沒有流傳開來。一旦整理成書，其內容還不到一版，然而整理的工作卻沒有人去做。容納廣博就內容豐富，及時發表就十分得當。而聖人的主張，內容豐富又更看重得當。何謂得當呢？根據沒有錯誤的理論，來運行沒有成規的事物，應對千變萬化而從不失誤，這就叫作得當。變化無時不在發生，隨時都能應對得當，從始至終都靜守以待，所以把這稱為「宙合」。

八觀第十三

本篇導讀——

觀，即調查，本篇指對一個國家的政治、經濟等社會情況進行調查。八觀就是從八個方面考察一個國家，通過這八個方面的考察，可以了解一個國家的飢飽、貧富、侈儉、虛實、治亂、強弱、興滅、存亡情況。第一，考察土地開墾和農業生產，以了解國家的飢飽情況；第二，考察桑麻種植和六畜飼養，以了解國家的貧富情況；第三，考察城市建築和車馬服飾，以了解國家的侈儉情況；第四，考察兵役勞役和財政收支，以了解國家的虛實情況；第五，考察社會習俗和民風教化，以了解國家的治亂情況；第六，考察君主好惡和百官所作作為，以了解國力的強弱；第七，考察法度效力和獎懲實施，以了解國家的盛衰情況；第八，考察敵國盟友和百姓財用，以了解國家的存亡情況。尤為可貴的是，本篇提出了治理官吏腐敗的關鍵在於禁止官員收受賄賂，並嚴厲打擊請託之風，這對當下的吏治具有借鑒意義。

大城不可以不完[1]，郭周不可以外通[2]，里域不可以橫通[3]，閭閈不可以毋闔[4]，宮垣、關閉不可以不修[5]。故大城不完，則亂賊之人謀；郭周外通，則奸遁踰越者作；里域橫通，則攘奪竊盜者不止；閭閈無闔，外內交通，則男女無別；宮垣不備，關閉不固，雖有良貨，不能守也。故形勢不得為非[6]，則奸邪之人愨願[7]；禁罰威嚴，則簡慢之人整齊[8]；憲令著明，則蠻夷之人不敢犯；賞慶信必[9]，則有功者勸；教訓習俗者眾，則君民化變而不自知也[10]。是故明君在上位，刑省罰寡，非可刑而不刑，非可罪而不罪也；明君者，閉其門，塞其塗[11]，弇其跡[12]，使民毋由接於淫非之地，是以民之道正行善也若性然。故罪罰寡而民以治矣。

注釋

1 大城：指內城。完：堅固。

2 郭周：城郭的四周，指外城。

3 里域：指里巷的圍牆。橫通：猶言橫行，邊行。

4 閭閈：古代里巷的門。闔：閉合，關閉。

5 宮垣：院牆。宮，古為房屋的通稱。關閉：指門栓。

6 形勢：這裏可以理解為社會環境，整體風尚。

7 愨願：安分，老實。愨，恭謹，樸實。

8 簡慢：輕忽怠慢。整齊：猶言嚴肅認真，意謂守法。

9 慶：賞。信必：堅決兑現。信，誠實。

10 君民化變：一說「君」字當刪。化變，意謂潛移默化。

11 塗：通「途」，道路。

12 弇：同「掩」，指消除。

譯文

內城牆不可不堅固，外城墻不可以有缺口，里巷的圍牆不可以左右橫通，里巷的大門不可以整日不關閉，院牆、門閂不可以不完備。因為內城牆不堅固，作亂為害的人就會圖謀不軌；外城有缺口，越墻作奸的人就會猖獗；里巷的圍牆到處相通，搶劫盜竊的行為就不會停止；里巷的大門整日不關，內外隨意交往，男女之間就沒有界限；院牆不修，門閂不牢，雖有寶貴的財貨卻無法保管。所以只有形勢不利於為非作歹，奸邪的人才會變得老實守法；只有禁律與刑罰威嚴，輕忽怠慢的人才能夠嚴整起來；只有法令嚴明，四方的蠻夷才不敢觸犯；只有獎賞信實堅定，有功的人才能得到鼓勵；只有教育和傳統的活動眾多，百姓才能在不知不覺中受到教化。因此英明的君主執政，很少動用刑罰，不是必須動刑時不動刑，不是必須懲罰時不懲罰。英明的君主關閉了犯罪的大門，阻斷了犯罪的道路，消滅了犯罪的跡象，使百姓無從接近為非作歹的境地，因而百姓走正道、做好事，就像出自本性一樣。所以，很少動用罪罰而已經治理好百姓了。

賞析與點評

本段提出了藉法律來教育人民的概念，是結合了法家以及儒家的精神，也可以說是以法作為手段，來達到儒家追求「刑罰用稀」的效果。這也是現代公民社會常用的方法，如吸煙問題嚴重，宣傳的效用不大，就可以立法擴大禁煙範圍，變相增加吸煙者的交易成本，令其感到不便，不然則觸犯法律，受到懲治。可見《管子》的思想與現代人頗有暗合之處。

行其田野，視其耕芸[1]，計其農事，而飢飽之國可以知也[2]。其耕之不深，芸之不謹[3]，地宜不任[4]，草田多穢，耕者不必肥，荒者不必墝[5]，以人猥計其野[6]，草田多而辟田少者[7]，雖不水旱，飢國之野也。若是而民寡，則不足以守

其地；若是而民眾，則國貧民飢；以此遇水旱，則眾散而不收。彼民不足以守者，其城不固；民飢者，不可以使戰；眾散而不收，則國為丘墟[8]。故曰，有地君國而不務耕芸[9]，寄生之君也[10]。故曰：行其田野，視其耕芸，計其農事，而飢飽之國可知也。

注釋

1 芸：通「耘」，除草。

2 飢飽之國：倒裝，指國之飢飽。下同。

3 謹：通「勤」。

4 地宜不任：地利得不到充分發揮。任，使用。

5 墝：貧瘠。

6 猬計：累計，總計。猬，積累，引申為凡、總。

7 辟田：已開墾的土地，耕地，熟地。《舊唐書．王方翼傳》：「乃與傭保齊力勤作，苦心計，功不虛棄，數年辟田數十頃。」

8 丘墟：廢墟。

9 君：統治。

10 寄生之君：依附別國生存的君主。

譯文

巡視一個國家的田野，了解它的耕耘情況，計算它的農事生產，這個國家的飢飽情況就可以了解了。耕地不深，鋤草不勤，土地種植不適宜，田地裏長有荒草，已耕的土地不見得肥沃，荒蕪的土地不見得貧瘠，按人口的多少總算土地數，荒地多而熟地少。即使沒有水旱天災，也是饑荒國家的田野景象。像這樣的國家，人口少則不足以守衛國土；人口多，則國家貧困百姓捱餓。要是再遇上水旱災害，就會百姓離散而不能收羅。百姓無力保衛國土，城防就不堅固；百姓處於飢餓狀態，就不能讓他們出戰；百姓流離失散而不能收羅，國家就成為一片廢墟。所以說，擁有土地的君主統治國家，如果不注重農業生產，便是依賴別國生存的君主。所以說：巡視一個國家的田野，看它的耕耘狀況，計算它的農業生產，國家的飢飽情況就可以了解了。

行其山澤，觀其桑麻，計其六畜之產，而貧富之國可知也。夫山澤廣大，則

草木易多也；壤地肥饒，則桑麻易植也；薦草多衍[1]，則六畜易繁也。山澤雖廣，草木毋禁；壤地雖肥，桑麻毋數[2]；薦草雖多，六畜有征[3]，閉貨之門也。故曰，時貨不遂[4]，金玉雖多，謂之貧國也。故曰：行其山澤，觀其桑麻，計其六畜之產，而貧富之國可知也。

注釋

1 薦草：野獸和牛羊可食的草。

2 數：技術，方法。

3 征：稅賦。

4 時貨：按時節出產的財貨，指上文的草木、桑麻、六畜等農副產品。遂：成功，順利。

譯文

巡視一個國家的山林湖澤，觀察桑麻的生長情況，計算六畜的生產，國家的貧富就可以了解了。因為山林湖澤廣闊，草木就容易繁殖；土地肥沃，桑麻就容易生長；薦草繁茂，六畜就容易興旺。山澤雖廣，濫伐草木卻沒有禁期；土地雖肥，種植桑麻卻不得其法；牧草雖多，飼養六畜卻要徵收賦稅；這就等於堵塞了財貨的門路。所以說，日常物產不充足，金玉寶物雖多，也只能稱之為貧窮國家。所以說：巡視一個國家的山林湖澤，觀察桑麻的種植情況，計算它的六畜生產，國家的貧富就可以了解了。

入國邑[1]，視宮室，觀車馬衣服，而侈儉之國可知也。夫國城大而田野淺狹者[2]，其野不足以養其民；城域大而人民寡者，其民不足以守其城；宮營大而室屋寡者，其室不足以實其宮；室屋眾而人徒寡者，其人不足以處其室；囷倉寡而臺榭繁者[3]，其藏不足以共其費[4]。故曰，主上無積而宮室美，氓家無積而衣服修[5]，乘車者飾觀望[6]，步行者雜文采，本資少而末用多者[7]，侈國之俗也。國侈則用費，用費則民貧，民貧則奸智生，奸智生則邪巧作。故奸邪之所生，生於匱不足；匱不足之所生，生於侈；侈之所生，生於毋度。故曰，審度量，節衣服，儉財用，禁侈泰[8]，為國之急也。不通於若計者[9]，不可使用國[10]。故曰：入國邑，視宮室，觀車馬衣服，而侈儉之國可知也。

注釋

1 邑：國都。

2 淺狹：狹小。

3 囷（粵：坤；普：qūn）倉：貯藏糧食的倉庫，圓形的稱「囷」，方形的稱「倉」。

4 共：通「供」。

5 氓家：民家。氓，民。

6 觀望：觀瞻，外表。

7 本資：指生活必需品。

8 侈泰：奢侈浪費。泰，過分。《新唐書・楊憑傳》：「性簡傲，接下脫略，人多怨之。在二鎮尤侈泰。」

9 若：這些。

10 用國：治國。

譯文

進入一個國家的都城，視察它的宮殿房屋，觀察它的車馬服飾，國家的奢侈節儉就可以了解了。國家的城市大而農田小，農田就不能供養百姓；城區大而百姓少，百姓不能守衛城市；宮院的規模大而房屋少，房屋就不能佈滿宮院；房屋多而民眾少，人們就住不滿那些房屋；糧倉少而亭臺樓閣多，糧食貯備就不夠供給費用。所以說，君主沒有積蓄而宮殿卻很華麗，百姓沒有積蓄而衣服服飾卻很講究，乘車的人講究裝飾的派頭，步行的人講究衣着的華麗，生活資料少而奢侈品多。這是奢侈國家的風俗。國家奢侈則開支浪費，開支浪費則百姓貧困，百姓貧困就會滋生奸惡的念頭，奸惡的念頭萌生，邪惡虛偽的行為就會出現。所以，奸惡和邪巧的生出，是由於貧困；貧困的發萌，是由於奢侈；奢侈的產生，是由於沒有節制。所以說，明確制度標準，節約衣着服飾，儉省財物費用，禁止奢侈浪費，是治國的急務。不懂得這個道理，就不要讓他管理國家。所以說，進入一個國家的都城，視察它的宮殿房屋，觀察它的車馬服飾，國家的奢侈節儉就可以了解了。

課凶饑[1]，計師役[2]，觀臺榭，量國費，而實虛之國可知也。凡田野萬家之眾，可食之地，方五十里，可以為足矣。萬家以下，則就山澤可矣[3]；萬家以上，則去山澤可矣。彼野悉辟而民無積者，國地小而食地淺也[4]；田半墾而民有餘食而粟米多者，國地大而食地博也。國地大而野不辟者，君好貨而臣好利者也；辟地廣而民不足者，上賦重，流其藏者也[5]。故曰，粟行於三百里，則國毋一年之積；粟行於四百里，則國毋二年之積[6]；粟行於五百里，則眾有飢色。其稼亡三之一者[7]，命曰小凶；小凶三年而大凶，大凶則眾有大遺苞矣[8]。什一之師[9]，什三毋事[10]，則稼亡三之一。稼亡三之一，而非有故蓋積也[11]，則道有損瘠矣[12]。什一之師，三年不解，非有餘食也，則民有鬻子矣[13]。故曰：山林雖近，草木雖美，宮室必有度，禁發必有時，是何也？曰：大木不可獨伐也，大木不可獨舉也，大木不可獨運也，大木不可加之薄牆之上[14]。故曰，山林雖廣，草木雖美，禁發必有時；國雖充盈，金玉雖多，宮室必有度；江海雖廣，池澤雖博，魚鱉雖多，罔罟必有正[15]，船網不可一財而成也[16]。非私草木愛魚鱉也，惡廢民於生穀也。故曰，先王之禁山澤之作者，博民於生穀也[17]。彼民非穀不食，穀非地不生，地非民不動，民非作力，毋以致財。天下之所生，生於用力，用力之所生[18]，生於勞身。是故主上用財毋已[19]，是民用力毋休也，故曰，臺榭相望者，其上下相怨也。民毋餘積者，其禁不必止；眾有遺苞者，其戰不必勝；道有損瘠者，其守不必固。故令不必行，禁不必止，戰不必勝，守不必固，則危亡隨其後矣。故曰：課凶饑，計師役，觀臺榭，量國費，實虛之國可知也。

注釋

1 課：考察，考核。

2 師役：兵役。

3 就山澤：意即算進山澤之地的數目。下文「去山澤」的「去」指估算在外。

4 食地：產糧地。淺：狹小，少。

5 上賦重，流其藏：指朝廷對百姓徵收的貨幣稅過重，百姓只好變賣貯備糧交稅，致使糧食外流。賦，賦稅，此處指貨幣稅。

6 二：當為「半」。

7 稼亡：意同歉收。三之一：三分之一。

8 大遺苞：「大」當為衍文。「遺苞」，當讀作「遺莩」。古苞、莩通用。莩通「殍」，餓死的人。

9 什一之師：十分之一的兵役。什，通「十」。

10 毋事：指不參與農事。

11 故蓋積：舊年儲藏的糧食。蓋，疑為衍文。

12 損：當為「捐」。捐瘠，被棄的屍體。

13 鬻（粵：育；普：yù）：賣。《莊子・逍遙遊》：「今一朝而鬻技百金，請與之。」

14 薄墻：指牆壁單薄的小型簡易建築物。

15 罔罟：同「網罟」，漁網。正：正中，標準。

16 一財：一種財路。船網不可一財而成：指船網之民，不能僅靠單一的捕撈之業為財路，尚需務農種穀。

17 博：當為「摶」，專。

18 用：當為衍文。

19 用財毋已：用財沒有止息。

譯文

考察災年的饑饉情況，計算從軍服役的人數，觀看樓臺亭閣的修建，計量國家財政的費用，國家的虛實情況就可以了解了。凡是多達萬戶人口的農村，擁有可種糧食的土地，有五十平方里就夠了。一萬戶以下的，可以算進去山澤之地；一萬戶以上的，則要把山澤除外。土地都已開墾，而百姓仍無積蓄，是因為國土小而耕地少；土地只耕種一半，而百姓卻有餘食並且粟米豐富的，是因為國土大而耕地多。國土雖大而土地沒有開墾，是因為君主追求財貨而臣民好利的緣故；土地開墾雖多而百姓仍不富足，是因為朝廷賦稅繁重，糧食流散的緣故。所以說，糧食運到三百里外，國家的存糧就不夠一年之用；糧食運到四百里外，國家的存糧就不夠半年之用；糧食運到五百里外，民眾就面有飢色了。莊稼歉收三分之一，叫作小凶年，三個小凶年等於一個大凶年。大凶年百姓就有餓死在路上的了。一國有十分之一的人從軍，實際上就要有十分之三的人脫離農業生產，這樣莊稼就要歉收三分之一。莊稼歉收三分之一，而沒有往年存糧，路上就會有被棄的死屍。十分之一的人從軍，三年不解除兵役，如果沒有餘糧，百姓中也會有賣兒賣女的了。所以說：山林雖然離京城很近，草木雖然茂密，宮室的建築仍然一定要有限度，採伐與封禁山林還必須有定時，這是甚麼原因呢？這是因為：大木材不是一個人能砍伐的，不是一個人能搬動的，也不是一個人能運輸的，大木材也不能使用在小規模的建築上。所以說，山林雖然廣大，草木雖然茂密，封禁開發一定要按時節；國家雖然富裕，金玉雖然多，宮室興建必須有限度；江海雖然廣闊，池澤雖然博大，魚鱉雖然繁多，漁網的眼孔一定要有標準；船網之民不可只依靠單一財路來維持生活。這並不是對草木、魚鱉有偏愛，而是怕百姓荒廢了糧食的生產。所以說，先王限制上山採伐下水捕魚的活動，是為了讓百姓專務糧食生產。百姓不種糧食就不能生活，糧食沒有土地就不能生長，土地沒有百姓就不能耕種，百姓不努力勞作就得不到財物。財富的生成是由於使用勞力，勞力的產生是出於勞動者的身體。所以，君主用財無限度，就等於百姓用力無休止。所以說，樓臺亭閣遠近相望，君民之間就彼此相恨。百姓沒有儲蓄的糧食，國家禁令就不一定能生效；百姓有餓死的，對外戰爭就不一定能取勝；道路上有棄置的死屍，防守就不一定能堅固。而法令不能「必行」，禁令不能「必止」，戰不能「必勝」，守不能「必固」，危亡也就跟隨而來了。所以說：考察災年的饑饉情況，計算從軍服役的人數，觀看樓臺亭閣的修建，計量國家財政的費用，國家的虛實情況就可以了解了。

入州里[1]，觀習俗，聽民之所以化其上[2]，而治亂之國可知也。州里不鬲[3]，閭閈不設，出入毋時，早晏不禁，則攘奪竊盜，攻擊殘賊之民[4]，毋自勝矣[5]。食谷水[6]，巷鑿井，場圃接，樹木茂，宮牆毀壞，門戶不閉，外內交通，則男女之別，毋自正矣。鄉毋長游[7]，里毋士舍[8]，時無會同[9]，喪烝不聚[10]，禁罰不嚴，則齒長輯睦[11]，毋自生矣。故昏禮不謹[12]，則民不修廉；論賢不鄉舉，則士不及行[13]；貨財行於國，則法令毀於官；請謁得於上，則黨與成於下；鄉官毋法制，百姓群徒不從，此亡國弒君之所自生也。故曰：入州里，觀習俗，聽民之所以化其上者，而治亂之國可知也。

注釋

1 州里：州、里均為地方編制。借指百姓居住的地方。

2 化其上：隨上變化習俗。

3 鬲：通「隔」，阻隔。

4 賊：殺。

5 勝：制服。

6 谷水：同喝一條山谷的水。《史記音義》曰：「黽，或作彭。谷水出處也。」

7 長游：伍長、什長及游宗，即鄉的基層官吏。

8 士舍：鄉里的學堂。

9 會同：集會。

10 烝：古代冬祭。《禮記・王制》：「天子諸侯宗廟之祭，春曰礿，夏曰禘，秋曰嘗，冬曰烝。」

11 齒長：長幼。

12 昏：通「婚」。

13 及：當為「反」，通「返」，返回。

譯文

進入一個國家的州里，觀察風俗習慣，了解百姓是怎樣接受上面教化的，國家的治亂情況就可以了解了。州里之間沒有隔牆，里巷不設大門，出入沒有定時，早晚不加管理；那麼對搶奪盜竊、行兇殺人的人，就無法加以管制了。喝同一條山谷裏的水，都到一個巷子裏打井，場院菜圃相連，樹木茂密，院牆破損，門戶不閉，內外相通；那麼男女應有的區別，也就無法規正了。鄉沒有官吏，里不設學堂，不按時集會，喪葬和冬祭也不相聚，禁令和刑罰都不嚴格；那麼尊賢敬長的和睦風氣，也就無從形成了。所以，婚禮不謹慎，百姓就不注意廉恥；選賢不由鄉里推舉，士民就不走正道；賄賂財貨風行於國內，法律政令就被官府敗壞；請託辦事之風通行在上面，結黨營私之事就在下面成風；地方官吏不實行法制，百姓就不會服從命令。這些就是亡國弑君發生的原因。所以說：進入一個國家的州里，觀察風俗習慣，了解百姓是怎樣接受上面教化的，國家的治亂情況就可以了解了。

賞析與點評

本段可以用來反駁近代興起的無政府主義，也可以用來反對右派自由主義思想。本段是典型的儒法合體的主張，既重視政府的有為，也帶有儒家的教化，這種內外合一的思想對二千年的中國帝國歷史有極深遠的影響。

入朝廷，觀左右本求朝之臣[1]，論上下之所貴賤者，而強弱之國可知也。功多為上，祿賞為下，則積勞之臣不務盡力；治行為上，爵列為下，則豪桀材臣不務竭能[2]；便辟左右[3]，不論功能而有爵祿，則百姓疾怨非上，賤爵輕祿；金玉貨財商賈之人，不論志行而有爵祿也，則上令輕，法制毀；權重之人，不論才能而得尊位，則民倍本行而求外勢[4]。彼積勞之人不務盡力，則兵士不戰矣；豪桀材人不務竭能[5]，則內治不別矣[6]；百姓疾怨非上，賤爵輕祿，則上毋以勸眾矣；上令輕，法制毀，則君毋以使臣，臣毋以事君矣；民倍本行而求外勢，則國之情偽竭在敵國矣[7]。故曰：入朝廷，觀左右本求朝之臣，論上下之所貴賤者，而強弱之國可知也。

注釋

1 本求：當為「求本」。

2 桀：通「傑」，下同。

3 辟：通「嬖」，寵愛，寵倖。便辟：指君主身邊服侍的寵臣。

4 倍：通「背」，背棄，背叛。行：軍行。

5 材人：當為「材臣」。指能臣。《韓非子・飾邪》：「奸臣愈進而材臣退，則主惑而不知所行。」竭能：盡能。

6 別：辨別，治理。

7 情偽：真假，實虛。

譯文

來到一個國家的朝廷，觀察君主左右的侍臣和朝廷的大臣，了解朝官的情況，分析朝廷上下重視甚麼輕視甚麼，國家的強弱情況就可以了解了。功勞在上等，祿賞反而在下等，功多之臣就不肯盡心竭力；政績在上等，官爵反而在下等，豪傑能臣就不肯竭盡所能；善於逢迎討好的左右寵臣，不論功勞能力卻享有爵祿，百姓就會怨恨和非議君主，並且輕賤爵祿；經營金玉財貨的商賈之流，不論道德品行而享有爵祿，那麼君主的政令就不受重視，法制就會被破壞；握有大權的人，不論才能而竊居高位，那麼百姓就要背棄本國軍隊而投靠外國勢力去了。那些功多之臣不願盡心竭力，士兵就不肯作戰；豪傑能臣不竭盡所能，內政就不會清明；百姓怨恨非議君主而輕賤爵祿，君主就無法勸勉百姓；君主的政令不受重視，法制被破壞，君主就無法命令臣下，臣下也無法效忠君主；百姓背棄本國軍隊而投靠外國勢力，國家的虛實真假情況就全被敵國掌握了。所以說：來到一個國家的朝廷，觀察君主左右的侍臣和朝廷的大臣，了解朝官的情況，分析朝廷上下重視甚麼輕視甚麼，國家的強弱情況就可以了解了。

置法出令，臨眾用民，計其威嚴寬惠行於其民與不行於其民[1]，可知也[2]。法虛立而害疏遠，令一布而不聽者存，賤爵祿而毋功者富，然則眾必輕令而上位危。故曰：良田不在戰士，三年而兵弱；賞罰不信，五年而破；上賣官爵，十年而亡[3]；倍人倫而禽獸行，十年而滅。戰不勝，弱也；地四削，入諸侯，破也；離本國、徙都邑，亡也；有者異姓[4]，滅也。故曰：置法出令，臨眾用民，計其威嚴寬惠行於其民與不行於其民[5]，可知也。

注釋

1 威嚴寬惠：指國家所實施的刑賞政策。威嚴，指刑罰；寬惠，指獎賞。

2 可知也：依張佩綸云：上脫五字，按解當作「而興滅之國」，本段末句同此。

3 十年：當為「七年」。

4 有者異姓：指政權被異姓人奪取或佔有。

5 而：疑為衍文。

譯文

根據一個國家設置和頒佈的法令以及治理百姓的情況，考察其刑賞政策是否在百姓當中得到貫徹，國家的興旺情況就可以了解了。法律形同虛設，只加害疏遠的人；君主的命令已經發佈，不聽的人卻能安然無恙；隨便封爵賜祿，沒有功勞的人卻能得到富貴；百姓必定輕視法令而君主地位也就危險了。所以說，良田不賞給戰士，三年就兵力衰弱；賞罰不兑現，五年就國家破敗；君主賣官鬻爵，七年就國家危亡；背逆倫常道德，幹禽獸的行為，十年國家就會覆滅。出戰不勝，是因為兵力衰弱；土地被瓜分，是因為國家破敗；逃離本國，遷移國都，是因為國家危亡；政權被異姓人佔有，是因為國家已經覆滅。所以說：根據一個國家設置和頒佈的法令以及治理百姓的情況，考察其刑賞政策是否在百姓當中得到貫徹，國家的興旺情況就可以了解了。

計敵與[1]，量上意[2]，察國本[3]，觀民產之所有餘不足，而存亡之國可知也。敵國強而與國弱，諫臣死而諛臣尊，私情行而公法毀。然則與國不恃其親，而敵國不畏其強；豪傑不安其位，而積勞之人不懷其祿[4]；悅商販而不務本貨，則民偷處而不事積聚。豪傑不安其位，則良臣出；積勞之人不懷其祿，則兵士不用；民偷處而不事積聚，則囷倉空虛。如是而君不為變[5]，然則攘奪、竊盜、殘賊、進取之人起矣[6]。內者廷無良臣，兵士不用，囷倉空虛，而外有強敵之憂，則國居而自毀矣[7]。故曰：計敵與，量上意，察國本，觀民產之所有餘不足，而存亡之國可知也。

注釋

1 與：即下文的「與國」，盟國。

2 意：意圖。

3 本：本業，指農業。

4 懷：安心，滿足。

5 變：變革，改革。

6 進取：在此指謀取政權的篡國者之類。

7 居：坐。

譯文

估量敵國和盟國，了解君主的意向，考察農業的狀況，觀察百姓的財產是有餘還是不足，國家的存亡情況就可以了解了。敵國強大而盟國衰弱，諫臣被殺而阿諛之臣得寵，私人請託盛行而公法被毀。對這樣的國家，盟國將不再依靠其盟好關係，敵國也不會畏懼其強大；豪傑將不安心於他的職位，功多之臣也不再留戀他的爵祿了；君主喜歡商販而不愛農業，百姓就苟且偷安而不致力於積蓄農產品。豪傑不安心於他的職位，良臣就會出走；功多之臣不懷戀爵祿，則兵士就會不肯效力；百姓苟且偷安而不致力於積蓄農產品，則糧倉就會空虛。像這樣而君主還不肯改革，那麼，搶奪、盜竊、殘害人民、謀取政權的人就起來了。在國內，朝中無良臣，士兵不效力，糧倉空虛，再加上外有強敵的憂患，這就只有坐而待亡了。所以說，估量敵國和盟國，了解君主的意向，考察農業的狀況，觀察百姓的財產是有餘還是不足，國家的存亡情況就可以了解了。

故以此八者，觀人主之國，而人主毋所匿其情矣。

譯文

因此，從這八方面調查一個君主所治理的國家，這個君主就無法隱藏他的真實狀況了。

法禁第十四

本篇導讀——

法禁，指制定並推行實施法制，以禁止危害國家的言行。本篇前半部分論述了法制對於治國的重要性，開篇即提出維護統一法制的重要性，強調法令是不可侵犯的，指出法制對社會規範和道德行為約定俗成的作用。後半部分具體論述了十八種應該依法禁止的言行，要求臣民遵紀守法，嚴禁觸犯法令權威行為的。這十八種「聖王之禁」，內容廣泛，表現形式多樣，採用手段不一，但都是損害國民的行為，君主治國要無比堅定地立法行法，嚴厲禁止這些行為。

法制不議，則民不相私；刑殺毋赦，則民不偷於為善[1]；爵祿毋假[2]，則下不亂其上。三者藏於官則為法，施於國則成俗，其餘不強而治矣。君壹置其儀[3]，則百官守其法；上明陳其制，則下皆會其度矣。君之置其儀也不一，則下之倍法而立私理者必多矣[4]，是以人用其私，廢上之制而道其所聞。故下與官列法，而上與君分威，國家之危必自此始矣。昔者聖王之治其民也不然，廢上之法制者，必負以恥；財厚博惠以私親於民者，正經而自正矣[5]。聖王既歿，受之者衰。君人而不能知立君之道，以為國本，則大臣之贅下而射人心者必多矣[6]。君不能審立其法，以為下制，則百姓之立私理而徑於利者必眾矣[7]。

注釋

1 偷：苟且。

2 假：借給。

3 壹：統一集中。儀：指儀法，法度。

4 倍：通「背」。

5 正經：整頓國家常法。

6 贅：同「綴」，連綴，指拉攏。

7 徑：走小路。

譯文

法制不容疑議，民眾就不敢相互營私；刑殺不容寬赦，民眾為善就不敢苟且；爵祿的授予不假於人，臣下就不會作亂犯上。這三者如果實施於官府而成為法律，推行到全國民眾而成為風俗，其他事情不用太費力就可以治理了。君主統一立法，百官就遵紀守法；君上公開表明制度，臣下就能領會其分寸。如果君主立法不能統一，臣下違反法律而徇私的行為就會多起來，從而人人都行其私心，廢棄君上的法制而宣揚道聽途說的東西。所以，百姓與官方各有法律，大臣與君主爭權，國家的危機必然自此出現了。從前，聖王治理民眾不是這樣，對於廢棄君上法制的，一定讓他蒙受恥辱（給予懲處）；這樣也就糾正了那種用豐厚錢財和較大的恩惠來收攬民心的行為。聖王已經不在了，後代君主就差多了。身為統治者卻不懂得為君之道，不懂得以此做為立國的根本，所以大臣們拉攏下級、收買人心的現象就多了。身為君主不能審定立法，並以此為臣下的示範，那麼百姓違反法律而追求私利的自然就多了。

賞析與點評

本篇頗有法家思想特色，認為法律是管治的鐵律，不容人民疑議。此與今天公民社會動輒對司法程序提出覆核的行為大相逕庭。當今之世，人們將法律視為保障自己的工具，而非執政者的管治工具。

昔者聖王之治人也，不貴其人博學也[1]，欲其人之和同以聽令也[2]。《泰誓》曰：「紂有臣億萬人[3]，亦有億萬之心；武王有臣三千而一心。」故紂以億萬之心亡，武王以一心存。故有國之君，苟不能同人心，一國威[4]，齊士義[5]，通上之治以為下法，則雖有廣地眾民，猶不能以為安也。君失其道，則大臣比權重以相舉於國[6]，小臣必循利以相就也[7]。故舉國士以為己黨，行公道以為私惠，進則相推於君，退則相譽於民[8]；各便其身，而忘社稷，以廣其居；聚徒成群，上以蔽君，下以索民。此皆弱君亂國之道也，故國之危也。

注釋

1 貴：重視，提倡。

2 和同：與君主協調一致。

3 億萬：形容數量之多，並非確指。

4 一國威：集中國家權威。

5 齊士義：統一士人的思想。

6 比權重：勾結權勢。比，比附，勾結。

7 相就：相互勾結。就：靠近。

8 相譽：相互吹捧。

譯文

從前聖王管理人民，不看重人的博學，而是希望人能與君主協調一致，聽取命令。《泰誓》說：「商紂王有臣子億萬人，也有億萬條心；周武王有臣子三千人，卻是一條心。」所以，紂王因為臣子有億萬條心而滅亡，武王因為臣子一條心而留存。因此一國之君，如果不能協同人心，不能集中國家的權威，不能統一士人的思想，不能把治理政策傳達到下面成為法制，那麼即使擁有廣大的國土、眾多的百姓，也不會安寧。君主如果喪失了治國之道，大臣就會勾結權勢互相推舉，小臣也必然為了私利而相互遷就。所以全國的士人就會結私營黨，利用公法謀取私利，在朝廷上向君主相互推舉，在民間就相互吹捧；各自使自己獲利，而忘掉了國家，不斷擴大勢力；結黨成群，對上蒙騙君主，對下勒索百姓。這些都是削弱君主權力、破壞國家的做法，所以是國家的禍害。

賞析與點評

本段指出，國家強大需要君臣同心。《左傳》記載了一個故事：「公曰：唯據與我和夫！晏子對曰：據亦同也，焉得為和？公曰：和與同異乎？對曰：異。」然後晏子用煮羹調味比喻，如果所有的輔料和佐料的味道都「同一化」，會變得味同嚼蠟了。故本文的「和」實與晏子的「和」大有不同。晏子與孔子提倡「君子和而不同，小人同而不和」的意思大抵相近，此也是真真正正的和諧的真義，也是現代社會所講的尊重與包容。包容，是指不同人有不同思想，並能互相攻錯，互相尊重，而非統一思想，黨同伐異，本段所指的「同心」顯然並非此類。

亂國之道，易國之常[1]，賜賞恣於己者[2]，聖王之禁也。擅國權以深索於民者，聖王之禁也。其身毋任於上者，聖王之禁也。進則受祿於君，退則藏祿於室，毋事治職[3]，但力事屬[4]，私王官，私君事，去非其人而人私行者[5]，聖王之禁

也。修行則不以親為本，治事則不以官為主，舉毋能、進毋功者，聖王之禁也。交人則以為己賜，舉人則以為己勞，仕人則與分其祿者，聖王之禁也。交於利通而獲於貧窮[6]，輕取於其民而重致於其君[7]，削上以附下，枉法以求於民者，聖王之禁也。用不稱其人，家富於其列，其祿甚寡而資財甚多者，聖王之禁也。拂世以為行，非上以為名，常反上之法制以成群於國者，聖王之禁也。飾於貧窮而發於勤勞[8]，權於貧賤，身無職事，家無常姓[9]，列上下之間，議言為民者，聖王之禁也。壼士以為己資[10]，修甲以為己本，則生之養，私不死，然後失矯以深[11]，與上為市者[12]，聖王之禁也。審飾小節以示民，時言大事以動上，遠交以踰群，假爵以臨朝者，聖王之禁也。卑身雜處，隱行辟倚[13]，側入迎遠[14]，遁上而遁民者[15]，聖王之禁也。詭俗異禮，大言法行[16]，難其所為而高自錯者[17]，聖王之禁也。守委閒居，博分以致眾，勤身遂行，說人以貨財[18]，濟人以買譽，其身甚靜，而使人求者，聖王之禁也。行辟而堅，言詭而辯[19]，術非而博，順惡而澤者[20]，聖王之禁也。以朋黨為友，以蔽惡為仁，以數變為智，以重斂為忠，以遂忿為勇者，聖王之禁也。固國之本[21]，其身務往於上[22]，深附於諸侯者，聖王之禁也。

注釋

1 易國之常：改變國家的常規、常法。

2 恣於己：自己說了算。

3 毋事治職：不從事職業範圍內的事情。

4 力事屬：致力於培植僚屬。

5 去非其人：即排斥異己。人私行者：一說「人」字當刪，指任用私人。

6 利通：指權貴。通，達觀。

7 致：求。指要求放寬政策，以便收買民心。

8 飾：掩飾，裝扮。發：通「廢」。

9 姓：通「生」，指產業。常姓：固定的產業。

10 壺士：指供養遊士。己資：自己的資本。

11 失矯以深：指頑固不化。失矯，當為「矢矯」。

12 為市：指討價還價。

13 辟倚：邪僻不正。辟，同「僻」，邪僻，下「行辟而堅」同。倚，不正行為。郭沫若集校引劉績曰：「辟倚，皆邪不正。」

14 側入：即潛入。遠：他國之人。

15 遁：逃免。
16 法：規範。
17 錯：通「措」，安置。
18 說：通「悅」。
19 詭：通「偽」，虛假。
20 澤：飾，潤飾。
21 固：同「錮」，閉塞之意。
22 往：同「誑」，欺騙。

譯文

破壞國家法紀，改變國家規章，封賜祿賞恣意妄為，是聖王所要禁止的。獨攬國家大權，肆意搜刮人民，是聖王所要禁止的。不肯為朝廷任職服務，是聖王所要禁止的。上朝就向君主領受俸祿，退朝就把俸祿藏在私室，不幹自己職責分內的事，只圖結黨營私，利用朝廷官員，謀求假公濟私，極力排斥異己，事事任人唯親，是聖王所要禁止的。修德行不以事親為根本，做事情不以奉公為主旨，舉薦無能之輩，提拔無功之人，是聖王所要禁止的。把結交人才當作自己的恩賜，把推薦人才看成是自己的功勞，任用人才又從中分取俸祿，是聖王所要禁止的。既結交權勢又收買窮人，巧取百姓之財而吝嗇進獻君主，削弱君主權威而附和同黨利益，不惜貪贓枉法而收買民心，是聖王所要禁止的。享用和身份不符，家產超過了爵位，俸祿少而財產多，是聖王所要禁止的。做違背世俗的事，靠非議君主獲取名聲，經常違反朝廷的法制而在國內結黨，是聖王所要禁止的。假裝貧窮卻不辛勤勞動，苟且偷安於貧賤的處境，自身沒有固定職業，家庭沒有固定的產業，處於權貴和百姓之間而聲稱是為了百姓，是聖王所要禁止的。供養遊士為自己的力量，修治武器為自己的資本，私藏亡命之徒，使他們得以活命，然後以強硬不敬的態度與君主討價爭權，是聖王所要禁止的。注重修飾小節以在人前顯耀，時常談論大事來打動國君，廣泛結交而凌駕於群臣之上，憑藉權勢以控制朝政，是聖王所要禁止的。委屈自己雜處於人群之中，暗地裏做不正當的事，潛入他國接納外奸，蒙蔽君主欺瞞百姓，是聖王所要禁止的。違逆風俗抗拒禮節，大談規範讓人實行，誇大自己所做過的事的難度，藉此抬高自己，是聖王所要禁止的。享有積蓄而生活安逸，廣施財物給百姓，殷勤呼應主動迎合，用財貨收買人心，以救濟為手段沽名釣譽，自己安然靜守而使人主動擁護，是聖王所要禁止的。行為邪僻而頑固不化，言談詭譎而好聽，道術錯誤而廣泛，支持邪惡而文過飾非，是聖王所要禁止的。把聚結朋黨視為友愛，把包庇罪惡視為仁慈，把詭計多端視為智慧，把橫徵暴斂視為忠君，把發泄私忿視為勇敢，是聖王所要禁止的。閉塞國家根本，竭力蒙騙君主又密切勾結敵國，是聖王所要禁止的。

聖王之身，治世之時，德行必有所是，道義必有所明，故士莫敢詭俗異禮，以自見於國[1]；莫敢布惠緩行，修上下之交，以和親於民[2]；故莫敢超等踰官，漁利蘇功[3]，以取順其君[4]。聖王之治民也，進則使無由得其所利，退則使無由避其所害，必使反乎安其位[5]，樂其群，務其職，榮其名，而後止矣。故踰其官而離其群者，必使有害；不能其事而失其職者，必使有恥。是故聖王之教民也，以仁錯之[6]，以恥使之，修其能、致其所成而止。故曰：絕而定[7]，靜而治，安而尊，舉錯而不變者，聖王之道也。

注釋

1 見：通「現」。自見：自我表現，自我標榜。

2 和親：當為「私親」。

3 蘇：取。漁利蘇功：謀取功利。

4 取順：取悅。

5 反：通「返」，回到。

6 錯：通「措」，安置。下同。

7 絕而定：堅定不動搖。

譯文

身為聖明的君主，在國家安定的時候，德行必須要有正確的標準，道義也必須要有明確的準則，所以士人就不敢背逆風俗抗拒禮儀，在國內自我標榜；也不敢佈施小惠放寬法度，籠絡關係以收攬民心；也不敢越級僭職，謀取功利取悅君主。聖王治理百姓，對越職謀求私利的要使他無法得利，對失職後推卸責任的要使他無法逃避懲罰。必須使他們回歸正道，安心於自己的職位，樂於和人們一起，努力做好本職工作，愛護自己的名聲，這樣才罷休。所以，對於超越職權而脫離同僚的人，必須使他遭受禍害；對於不能盡職玩忽職守的人，必須使他遭受恥辱。因此，聖王教導百姓，就是用仁愛來保護他們，用懲罰來驅使他們，提高他們的能力直到他們有所成就。所以說：堅決而鎮定，穩定而圖治，穩固而尊君，舉措得當而不朝令夕改，這都是聖王的治國之道。

賞析與點評

古人對為政者的私德以及政治倫理均甚為重視，不像今天有些人只講成績而不問手段，只重功效而不講動機正義，此為古今之別。

反觀西方歷史，固然不乏品德聞名於世的偶像，如聖女貞德、德蘭修女，民權的代表如林肯、馬丁·路德·金等人，但更普遍的人物如有戰神之稱的阿歷山大帝、凱撒大帝、拿破崙，也有以科學造福後世的愛迪生、愛恩斯坦等等。這些人物正符合西方人「偉大」（the great）的準則，實有別於中國式「殺身以成仁」的「偉大」。

故哲學家唐君毅先生指出：「西方的哲學家喜歡說：人是理性的動物，或說人是最像神的，或說人是能造工具的動物，人是有語言文字或能以符號表意的動物。」又云：「大體來說，中國先哲講人禽之辨，總是合情理以說。人之異於禽獸者，在其性理即在其性情。孟子說，人之異於禽獸者，在其有仁義禮智。」這裏指出中西最大的分別是一是從道德、一是從能力來考慮。

重令第十五

本篇導讀——

本篇以首句「重令」為題，意在重視法令，強調法令是治國最重要的工具，使法令得到尊重是安國之本，並且是最重要的根本。凡是增減法令、不執行法令、扣留或不服從法令的人都要處死不能赦免。同時這也涉及維護法令的三個方面，其一不得增改或損害法令，其二法令一旦制定必須實行，其三禁止扣押或違犯法令。本篇提出了唯令是視的著名觀點，要求法令面前人人平等，是典型的早期法家言論。

凡君國之重器[1]，莫重於令。令重則君尊，君尊則國安；令輕則君卑，君卑則國危。故安國在乎尊君，尊君在乎行令，行令在乎嚴罰。罰嚴令行，則百吏皆恐；罰不嚴，令不行，則百吏皆喜[2]。故明君察於治民之本，本莫要於令。故曰：虧令者死[3]，益令者死，不行令者死，留令者死，不從令者死。五者死而無赦，唯令是視。故曰令重而下恐。

注釋

1 器：手段，憑藉。

2 喜：通「嬉」，不重視，怠慢。與上文「恐」相對。

3 虧：減損，損害。

譯文

大凡統治國家最重要的工具，莫過於法令。法令具有權威性，君主的地位就尊貴，君主受尊敬國家就安定；法令喪失權威，君主的地位就卑微，君主卑微國家就危險。所以，要使國家安定最重要的是尊敬君主，尊敬君主最重要的是施行法令，施行法令最重要的是嚴明刑罰。刑罰嚴明，法令施行，百官就會畏懼；刑罰不嚴，法令不行，百官就會瀆職。所以聖明的君主懂得治理百姓的根本最重要的就是法令。所以說：損害法令的人要處死，增添法令的人要處死，不執行法令的人要處死，扣壓法令的人要處死，不服從法令的人要處死。以上五種人都要處死不能赦免，一切唯法令是從。所以說：法令具有權威性，臣民就會畏懼。

賞析與點評

雖然《管子》載有不少類近儒家的主張，但其更多是法家的思想。《孟子．公孫丑下》曰：「以力假仁者霸，霸必有大國；以德行仁者王，王不待大。湯以七十里，文王以百里，以力服人者，非心服也，力不贍也；以德服人者，中心悅而誠服也。」孔孟都是理想主義者，而《管子》乃現實主義者，本段都是以力服人的言論，教人唯威權為重。當今之世，現實主義大行其道，由向前看變成向錢看，正正需要理想主義的復興。

為上者不明，令出雖自上，而論可與不可者在下。夫倍上令以為威[1]，則行恣於己以為私[2]，百吏奚不喜之有？且夫令出雖自上，而論可與不可者在下，是威下繫於民也。威下繫於民，而求上之毋危，不可得也。令出而留者無罪，則是教民

不敬也；令出而不行者毋罪，行之者有罪，是皆教民不聽也；令出而論可與不可者在官，是威下分也；益損者毋罪，則是教民邪途也。如此，則巧佞之人，將以此成私為交；比周之人[3]，將以此阿黨取與[4]；貪利之人，將以此收貨聚財；懦弱之人，將以此阿貴事富便辟；伐矜之人[5]，將以此買譽成名。故令一出，示民邪途五衢[6]，而求上之毋危，下之毋亂，不可得也。

注釋

1 倍：通「背」，違背。

2 則：相當於「而」。恣：放縱，恣肆。

3 比周：拉攏勾結，結黨營私。

4 阿黨取與：迎合同伙爭取同黨。與，相與，相好。

5 伐矜：自誇自驕。伐，自誇。

6 衢（粵：渠；普：qú）：道路。

譯文

如果君主昏庸糊塗，法令雖然由上面制定，但議斷法令可不可行的權力就落到下面。如果違背君主的法令以獨樹權威，肆無忌憚地以權謀私，百官哪有不玩忽怠慢的呢？況且，法令雖然由上面制定，但決定其是否可行卻取決於下面，這樣權威就被下面的人掌控了。權威被下面的人控制，而要期望君主沒有危險，是不可能的。法令已經發出，而延誤法令的人卻無罪，這是教唆百姓不尊重法令；法令已經發出，而不執行法令的人無罪，執行的人反而有罪，這都是教唆百姓不服從法令；法令已經發出，而決定法令是否可行的權力落在下面的官員手中，這就是權力下分；增刪法令的人無罪，這就是教唆百姓走邪路。像這樣，投機奸佞的人將會相互勾結謀取私利；拉幫結派的人就會結交同黨排除異己；貪圖財利的人就會伺機鑽營受賄聚財；懦弱的人就會阿諛權貴奉承上級；驕矜自誇的人就會沽名釣譽浪得虛名。因此法令一經頒佈，就等於給百姓指出了五條邪路，卻想要君主沒有危險，臣下不犯上作亂，那是不可能的。

菽粟不足[1]，末生不禁[2]，民必有飢餓之色，而工以雕文刻鏤相稺也[3]，謂之逆[4]。布帛不足，衣服毋度[5]，民必有凍寒之傷，而女以美衣錦繡綦組相稺也[6]，謂之逆。萬乘藏兵之國，卒不能野戰應敵，社稷必有危亡之患，而士以毋分役相

稱也，謂之逆。爵人不論能[7]，祿人不論功，則士無為行制死節，而群臣必通外請謁[8]，取權道[9]，行事便辟，以貴富為榮華以相稱也，謂之逆。

注釋

1 菽粟：糧食。菽，豆類。粟，穀類。
2 末生：末業，指奢侈品的生產。
3 稱：通「稚」，驕，誇耀。
4 逆：倒行逆施。
5 毋度：沒有限度。
6 綦組：當為「纂組」，有花紋的絲帶。
7 爵人：給人爵位。論：按照。
8 謁：請見，進見。
9 取權道：採取道術。

譯文

糧食不足，奢侈品的生產卻不禁止，百姓必定會面有飢色，而工匠還以雕木鏤金相互誇耀，這就叫作倒行逆施。布帛不足，衣服卻沒有節制，百姓一定會受凍，而婦女們還以美衣錦繡相互誇耀，這就叫作倒行逆施。有萬輛兵車兵備充足的大國，士卒卻不能戰鬥應敵，國家一定有危亡的憂患，而武士還以免服兵役相誇耀，這就叫作倒行逆施。不按才能授予官爵，不按功勞授予俸祿，武士就不肯執行命令為國犧牲，而大臣也一定會交結外國、採取權術、趨奉君側小臣，以升官發財為光榮來互相誇耀，這也叫作倒行逆施。

賞析與點評

《管子》在經濟思想方面以為：奢侈品發達會使必需品的供應減少，影響百姓生活。當然，《管子》的作者不可能懂得現代經濟學，知道奢侈品與必需品有不同的市場，不會直接競爭，即使生產者轉投他業，只要有需求，必定會有新的生產者投入。古人常把奢侈與品德掛鉤，視之為不當的行為，並加以反對。如此，則大大壓抑了消費，使商品經濟遲遲也未能發展起來。

朝有經臣[1]，國有經俗，民有經產。何謂朝之經臣？察身能而受官，不誣於上[2]；謹於法令以治，不阿黨；竭能盡力而不尚得，犯難離患而不辭死[3]；受祿不

過其功，服位不侈其能，不以毋實虛受者，朝之經臣也。何謂國之經俗？所好惡不違於上，所貴賤不逆於令；毋上拂之事[4]，毋下比之說[5]，毋侈泰之養[6]，毋踰等之服；謹於鄉里之行，而不逆於本朝之事者，國之經俗也。何謂民之經產？畜長樹藝[7]，務時殖穀，力農墾草，禁止末事者，民之經產也。故曰：朝不貴經臣，則便辟得進，毋功虛取；奸邪得行，毋能上通。國不服經俗，則臣下不順，而上令難行。民不務經產，則倉廩空虛，財用不足。便辟得進，毋功虛取，奸邪得行，毋能上通，則大臣不和。臣下不順，上令難行，則應難不捷。倉廩空虛，財用不足，則國毋以固守。三者見一焉，則敵國制之矣。

注釋

1 經：穩固，穩定。

2 誣：欺瞞。

3 離：通「罹」，遭罪。

4 拂：違背。

5 比：勾結。

6 侈泰：奢侈。養：奉養。

7 畜長：飼養牲畜。

譯文

朝廷要有「經臣」，國家要有「經俗」，人民要有「經產」。甚麼叫作朝廷的「經臣」呢？察明自身的才能接受官職，不欺騙君主；嚴格按照法律治理國家，不結黨營私；竭盡能力辦事而不追求私利，遇到國家患難而赴湯蹈火；接受俸祿不超過自己的功勞，接受官位不超過自己的才能，不平白領受祿賞的，就是朝廷的經臣。甚麼叫作國家的「經俗」呢？百姓的喜好和厭惡不違背君主的標準，重視和輕視的事情不違背法令的規定；不做與君主意見相反的事，不發表結黨營私的言論，不過奢侈糜爛的生活，不穿超越等級的服飾；謹慎地在鄉里行事，不違背本朝政事，就是國家的經俗。甚麼叫作人民的「經產」呢？飼養牲畜，搞好種植，注意農時，增產糧食，努力耕作，開墾荒地，而禁止奢侈品的生產，就是人民的經產。所以說，朝廷如果不重視經臣，就會使寵佞之人晉升提拔，無功之人獲得官祿，奸邪之人橫行霸道，無能之人進入朝廷。國家如果不推行經俗，臣下就不會服從君主，朝廷的法令就難以施行。百姓如果不注重經產，糧倉就會空虛，財用就會不足。寵佞之人晉升提拔，無功之人獲得官祿，奸邪之人橫行霸道，無能之人混入朝廷，這就會造成大臣間的不和。臣下就不會服從君主，朝廷的法令難以施行，國家就不能迅速應對危難。糧倉空虛，財用不足，國家就沒有實力堅守。如果三種情況出現了一種，國家就將被敵國控制了。

故國不虛重，兵不虛勝，民不虛用，令不虛行。凡國之重也，必待兵之勝也，而國乃重。凡兵之勝也，必待民之用也，而兵乃勝。凡民之用也，必待令之行也，而民乃用。凡令之行也，必待近者之勝也[1]，而令乃行。故禁不勝於親貴，罰不行於便辟，法禁不誅於嚴重，而害於疏遠，慶賞不施於卑賤二三[2]，而求令之必行，不可得也。能不通於官受，祿賞不當於功，號令逆於民心，動靜詭於時變[3]，有功不必賞，有罪不必誅，令焉不必行，禁焉不必止，在上位無以使下，而求民之必用，不可得也。將帥不嚴威，民心不專一，陳士不死制[4]，卒士不輕敵，而求兵之必勝，不可得也。內守不能完，外攻不能服，野戰不能制敵，侵伐不能威四鄰，而求國之重，不可得也。德不加於弱小，威不信於強大[5]，征伐不能服天下，而求霸諸侯，不可得也。威有與兩立[6]，兵有與分爭，德不能懷遠國[7]，令不能一諸侯，而求王天下，不可得也。

注釋

1 勝：克制，制服。

2 二三：宋本無「二三」兩字。

3 詭：違反，背離。

4 陳：通「陣」，陣地。制：指君令。

5 信：通「伸」，伸展，延伸。

6 㒳立：並立。

7 懷：懷柔，安撫。

譯文

所以，國家不是憑空強大起來的，軍隊不是憑空就能打勝仗的，百姓不是憑空接受役使的，法令不是憑空就能施行的。大凡國家能夠強大，一定要依靠軍隊戰勝敵人，這樣國家才能強大。大凡軍隊打勝仗，一定要依靠百姓接受役使，這樣軍隊才能打勝仗。大凡百姓服從役使，一定要依靠法令得以貫徹，這樣百姓才能服從役使。大凡法令得以貫徹，一定要依靠君主親近的人首先遵守，這樣法令才能貫徹。所以，禁令不能限制親信和權貴，刑罰不能施加於君主寵倖的人，法令不能懲罰罪大惡極的人，反而加害於關係疏遠而又無辜的人，獎賞不能給予身份低微的人，這樣，還指望法令一定貫徹下去，是辦不到的。才能與官職不相符，所受的祿賞超過了功勞，所發號令違背民心，言行舉止與世風背離，有功勞不一定得到獎賞，有罪過不一定受到懲罰，有命令不一定能施行，有禁令不一定能制止，上級不能指揮下級，這樣還指望百姓一定服從役使，是辦不到的。將帥沒有威嚴，民心不能專一，臨陣的將士不肯死於軍令，士卒不能傲視敵人，還指望軍隊一定能打勝仗，是辦不到的。內部防守不能堅固完善，外部進攻不能征服對方，在外交戰不能克制敵軍，討伐諸侯不能威震四鄰，還指望國家強大，是辦不到的。德惠沒有施加於弱小的國家，威望不能取信於強大的國家，征伐不能制服天下，還指望稱霸諸侯，是辦不到的。論國威，有和自己並立的；論軍事，有和自己抗爭的；德惠不能安撫遠方的國家，號令不能統一眾多的諸侯，還指望征服天下，是辦不到的。

地大國富，人眾兵強，此霸王之本也，然而與危亡為鄰矣。天道之數[1]，人心之變。天道之數，至則反[2]，盛則衰。人心之變，有餘則驕[3]，驕則緩怠。夫驕

者，驕諸侯，驕諸侯者[4]**，諸侯失於外；緩怠者，民亂於內。諸侯失於外，民亂於內，天道也。此危亡之時也。若夫地雖大，而不併兼，不攘奪；人雖眾，不緩怠，不傲下；國雖富，不侈泰，不縱欲；兵雖強，不輕侮諸侯，動眾用兵必為天下政理**[5]**，此正天下之本而霸王之主也。**

注釋

1 數：術，法則。

2 至：極，頂點。

3 有餘：盈餘，富足。

4 驕諸侯者：疑為衍文。

5 理：當為「治」。

譯文

土地遼闊，國家富足，人口眾多，兵力強盛，這自然是稱霸稱王的根本。然而，也就與危亡接近了。這就是天道的規律和人心變化的規律。就天道的規律來說，事物發展到盡頭則走向反面，發展到極盛則走向衰落；就人心變化的規律來說，富有了就會驕傲，驕傲了就會鬆懈怠惰。「驕傲」，指對諸侯國驕傲。對諸侯國驕傲，對外就失去了諸侯國的支持；而鬆懈怠惰的結果，又將在國內造成百姓的叛亂。對外失去諸侯，對內百姓叛亂，這正是天道的體現，也正是走到危亡的時刻了。國土雖然廣大但不進行兼併掠奪，人口雖然眾多但不鬆懈怠慢傲視臣民，國家雖然富足但不奢侈縱欲，兵力雖然強盛但不輕侮諸侯，即使有軍事行動也都是為了把天下的政事處理好，這才是匡正天下的根本，成就王霸之業的基礎。

賞析與點評

本段把國家治亂提升到哲學層次討論，明白一切也有週期，盛極必衰，物極必反，此乃天數使然。尤其是想千秋萬代的君主，歷史已證明必定會無功而返。但本章作者沒有因此而氣餒，反而提出自強不息，活在當下，戒急用忍去爭取民心，因只有得民心者，才可得天下。

凡先王治國之器三，攻而毀之者六。明王能勝其攻[1]，故不益於三者，而自有國、正天下。亂王不能勝其攻，故亦不損於三者，而自有天下而亡。三器者何也？曰：號令也，斧鉞也[2]，祿賞也。六攻者何也？曰：親也，貴也，貨也，色也，巧佞也，玩好也[3]。三器之用何也？曰：非號令毋以使下，非斧鉞毋以威眾，非祿賞毋以勸民。六攻之敗何也[4]？曰：雖不聽，而可以得存者；雖犯禁，而可以得免者；雖毋功，而可以得富者。凡國有不聽而可以得存者，則號令不足以使下；有犯禁而可以得免者，則斧鉞不足以威眾；有毋功而可以得富者，則祿賞不足以勸民。號令不足以使下，斧鉞不足以威眾，祿賞不足以勸民，若此，則民毋為自用[5]。民毋為自用，則戰不勝；戰不勝，而守不固；守不固，則敵國制之矣。然則先王將若之何？曰：不為六者變更於號令，不為六者疑錯[6]於斧鉞，不為六者益損於祿賞。若此，則遠近一心；遠近一心，則眾寡同力；眾寡同力，則戰可以必勝，而守可以必固。非以併兼攘奪也[7]，以為天下政治也，此正天下之道也。

注釋

1 勝其攻：即克服上述六方面的破壞。

2 斧鉞（粵：越；普：yuè）：刑器，這裏指刑罰。《史記．李斯傳》：「臣請言之，不避斧鉞之誅，願陛下少留意焉。」

3 玩好：玩賞的東西。

4 敗：敗壞，破壞。

5 自：自身，指君主自身。

6 疑錯：疑，指猶豫；錯，指停止。

7 併兼攘奪：指吞併和掠奪別國。

譯文

先代君王治理天下的工具有三個，被攻伐而以至於毀滅的因素有六種。英明的君主能夠克服這六個方面，所以治國的工具雖然不超過三個，卻能夠保有國家並匡正天下。昏庸的君主不能克服這六個方面，所以治國的工具雖然不少於三個，卻雖擁有天下而最終滅亡。三種治國工具是甚麼？即號令、刑罰、祿賞。六種破壞因素是甚麼？即親戚、權貴、財貨、美色、奸佞之臣和玩賞之物。三種工具的作用是甚麼？是：沒有號令就不能役使臣下，沒有刑罰就不能威懾眾人，沒有祿賞就無法勉勵百姓。六個破壞因素是甚麼？是：雖然不聽從號令，卻可以平安無事；雖然觸犯禁律，卻可以得到赦免；雖然沒有功績，卻可以獲得富貴。凡是國家有不聽從命令就可以平安無事的，號令就不能役使臣民；有觸犯禁律卻得到赦免的，刑罰就不能懾服眾人；有沒有功勞都可以獲得富貴的，祿賞就不能勉勵百姓。號令不能役使臣民，刑罰不能懾服眾人，祿賞不能鼓勵百姓，這樣的話，百姓就不肯為君主盡力了。百姓不肯為君主盡力，攻戰就不能取勝；攻戰不能取勝，守衛就不堅固；守衛不堅固，那麼敵國就能制服他了。那麼，先代君主是怎麼辨的呢？那是：不因為六個破壞因素而改變號令，不因為六個破壞因素而懷疑或廢置刑罰，不因為六個破壞因素而增減祿賞。這樣做，國家就能夠不分親疏而團結一心，不論寡眾而同心協力，每戰必勝，防守必固。這些並不是為了侵吞和掠奪別國，而是為了把天下的政事治理好，這就是匡正天下的原則。

法法第十六

本篇導讀——

法法，即以法執法。本篇論述了法令的極端重要性，認為君主不僅要以身作則帶頭守法，還要堅決嚴格地執行法令，公正無私，才能保持法令的嚴肅性；還分析了君主駕馭臣民的策略以及如何維護自己所掌握的權勢。篇章最後，作者提出鮮明的主張認為「社稷戚於親」、「令尊於君」、「威貴於寶」、「法愛於民」，這幾點是君主有效治理國家的真正法寶。本篇內容豐富，法家色彩極為濃厚，體現出戰國法家思想的核心內容。

不法法[1]，則事毋常[2]；法不法，則令不行。令而不行，則令不法也[3]；法而不行，則修令者不審也；審而不行，則賞罰輕也；重而不行[4]，則賞罰不信也；信而不行，則不以身先之也[5]。故曰：禁勝於身[6]，則令行於民矣。

注釋

1 法法：依法辦事。

2 常：常規。

3 不法：沒有形成法。

4 重：賞罰重。

5 以身先之：以身作則。

6 禁勝於身：禁令能夠約束自己，即統治者率先服從法令，以身作則。

譯文

不依照法令辦事，國事就沒有常規；法令不能嚴格執行，政令就無法實施。有令不行，是因為沒有形成法令；有法不依，是因為法令的制定不夠慎重；法令慎重制定了還得不到執行，是因為賞罰太輕；賞罰重了還得不到執行，是因為賞罰還不信實；賞罰信實了還得不到執行，是因為君主沒有以身作則。所以說：禁令能夠約束君主自身，那麼政令就能在民眾間施行了。

賞析與點評

《孟子》一書說：「上有好者，下必有甚焉者矣。君子之德，風也，小人之德，草也。草上之風，必偃。」此乃至理名言，故本段要求為君者以身作則，是要避免《韓非子》說「楚靈王好細腰，而國中多餓人」的悲劇。今天，美國有呼聲要求管制槍械，但總統卻不時狩獵，又如何服眾？否則「吳王好劍客，百姓多創瘢」（《後漢書·馬援列傳》）的故事永遠也不新鮮。

聞賢而不舉，殆[1]；聞善而不索[2]，殆；見能而不使，殆；親人而不固[3]，殆；同謀而離[4]，殆；危人而不能[5]，殆；廢人而復起[6]，殆；可而不為，殆；足而不施，殆；幾而不密[7]，殆。人主不周密，則正言直行之士危；正言直行之士危，則人主孤而毋內[8]；人主孤而毋內，則人臣黨而成群。使人主孤而毋內、人臣黨而成群者，此非人臣之罪也，人主之過也。

注釋

1 殆：危險，失敗。
2 索：搜尋，尋找，指有了善就應尋找以表彰。
3 親人：親信於人。
4 離：背離，不團結。
5 危人而不能：想危害人卻辦不到。
6 起：起用，任用。
7 幾：同「機」，機要。
8 內：親近，親信。

譯文

知道賢能卻不舉薦，危險；聽到好事卻不搜尋以表彰，危險；發現能人而不任用，危險；親信於人而不堅定，危險；共同謀事卻要背棄，危險；想害人卻辦不到，危險；已廢黜的人再起用，危險；可以做到卻不去做，危險；機要而不能保密，危險。君主行事不周到審慎，言行正直的人就有危險；言行正直的人有危險，君主就會孤立無援；君主孤立無援，臣下就會結黨成群。如果君主孤立無援、臣下結黨成群的情形出現，這不是臣下的罪過，而是君主自身的罪過。

賞析與點評

諸葛亮《出師表》說：「親賢臣，遠小人，此先漢所以興隆也；親小人，遠賢臣，此後漢所以傾頹也。先帝在時，每與臣論此事，未嘗不歎息痛恨於桓、靈也。」這道理淺顯，但常人易於犯錯，常親小人，是因為誘惑太多，道德太弱。如今，香港學制廢除範文賞析考核，使學生不識古人，不能見賢思齊；讀古聖賢之書，潛移默化，這才是最佳的國民教育。

民毋重罪，過不大也；民毋大過，上毋赦也。上赦小過，則民多重罪，積之所生也。故曰赦出則民不敬[1]，惠行則過日益。惠赦加於民[2]，而囹圄雖實，殺戮雖繁，奸不勝矣[3]。故曰：邪莫如蚤禁之[4]。赦過遺善，則民不勵。有過不赦，有善不遺，勵民之道，於此乎用之矣。故曰明君者，事斷者也。

注釋

1 敬：通「儆」，使人警醒、畏懼。

2 惠赦：恩惠和赦免。
3 奸不勝：邪惡不能禁止。
4 蚤：通「早」。

譯文

不對百姓處以重罪，是因為他們過失不大；百姓沒有大過，是因為君主嚴刑不赦。君主赦免小過，那麼百姓就會增加重罪，這是日積月累造成的。所以說，赦免的命令頒佈了，百姓就不再畏懼；恩惠太多，過失就會日益增加。如果對百姓廣施恩惠大行赦免，那麼即使監獄人滿，殺戮繁多，奸邪也難以制止。所以說，不如儘早禁止奸邪。赦免罪過，遺忘善行，百姓就得不到勉勵。有罪過不赦免，有善行不遺忘，這才是勉勵百姓的辦法。所以說英明的君主是掌握裁決之權的人。

君有三欲於民，三欲不節，則上位危。三欲者何也？一曰求，二曰禁，三曰令。求必欲得，禁必欲止，令必欲行。求多者，其得寡；禁多者，其止寡；令多者，其行寡。求而不得，則威日損；禁而不止，則刑罰侮；令而不行，則下凌上。故未有能多求而多得者也，未有能多禁而多止者也，未有能多令而多行者也。故曰：上苛則下不聽[1]，下不聽而強以刑罰，則為人上者眾謀矣[2]。為人上而眾謀之，雖欲毋危，不可得也。號令已出又易之，禮義已行又止之，度量已制又遷之，刑法已錯又移之[3]。如是，則慶賞雖重，民不勸也；殺戮雖繁，民不畏也。故曰：上無固植[4]，下有疑心。國無常經[5]，民力不竭，數也。

注釋

1 苛：苛刻。

2 眾謀：被眾人圖謀。

3 錯：通「措」。

4 固植：恆心。

5 常經：常規常法。

譯文

君主對百姓有三種要求，如果不加以節制，君主就危險了。這三種要求是甚麼呢？一是索取，二是禁令，三是命令。要索取就一定想要得到，有禁令就一定希望阻止，下命令就一定希望施行。索取太多，得到的反而很少；禁令太多，制止的反而很少，命令太多，執行的反而很少。索取而不能得到，權威就日益減損；有禁令而不能制止，刑罰就會被輕視；下命令而得不到實施，臣下就會欺凌君上。所以從來沒有索取越多而得到越多的事，從來沒有禁令越多而制止越多的事，從來沒有命令越多而執行越多的事。所以說，君主過於苛刻，臣下就不服從；臣下不服從，而用刑罰強制服從，君主就會被眾人圖謀暗算。一旦被眾人圖謀暗算，想要沒有危險也就不可能了。政令已經頒佈卻又改變，禮儀已經施行卻又廢止，度量已經制定卻又變換，刑法已經設立卻又更改。像這樣反覆無常，即使賞賜眾多，百姓也不會得到勉勵；即使殺戮頻繁，百姓也不會畏懼。所以說，君主沒有恒心，臣下就有疑心。國家沒有常法，百姓就不肯竭盡全力，這是普遍的規律。

明君在上位，民毋敢立私議自貴者[1]，國毋怪嚴[2]，毋雜俗，毋異禮，士毋私議。倨傲易令[3]，錯儀畫制[4]，作議者盡誅[5]。故強者折，銳者挫，堅者破。引之以繩墨，繩之以誅僇[6]，故萬民之心皆服而從上，推之而往，引之而來。彼下有立其

私議自貴，分爭而退者，則令自此不行矣。故曰：私議立則主道卑矣。況主倨傲易令[7]，錯儀畫制，變易風俗，詭服殊說猶立[8]。上不行君令，下不合於鄉里，變更自為[9]，易國之成俗者，命之曰不牧之民。不牧之民，繩之外也[10]，繩之外誅。使賢者食於能，鬥士食於功。賢者食於能，則上尊而民從；鬥士食於功，則卒輕患而傲敵。上尊而民從，卒輕患而傲敵。二者設於國[11]，則天下治而主安矣。

注釋

1 私議：私立異說。自貴：抬高自己。

2 怪嚴：怪誕。

3 倨：傲慢。

4 錯：通「措」。畫：謀劃，籌劃。

5 作議：立私議。

6 僇：通「戮」，殺。

7 主：據郭沫若說當為「夫」。

8 詭服殊說：奇異的服飾和奇怪的言論。

9 變更自為：擅自變換更改。

10 繩：繩墨，準則。此指法度。

11 設：完備。

譯文

英明的君主處在高位，百姓自然不敢有私立異說而妄自尊大的，國家就沒有荒誕的事情、雜亂的風俗、怪異的禮節，士人也不敢私立異說。傲慢不恭、改變法令、擅設規章、製造異說的人全都加以誅罰，那麼，就會使強硬不阿的人屈服，使銳氣難當的人受挫折，使頑固不化的人被攻破。用法度來引導，用殺戮來管制，因而，萬民之心都會服從君上，揮之即去，召之即來。如果，下面有私立異說，妄自尊大，與人紛爭而逃避責任的，君令就再也無法實行。所以說，宣揚擅立私論，君主的威信就會降低，何況還有傲慢狂妄、改變法令、擅設規章、更改風俗、詭異服裝、奇談怪論的存在呢？那種對上不執行君令，對下不合乎鄉規，更立法令自以為是，改變國家既成風俗的，叫作「不服從治理的人」。不服從治理的人，逍遙於法令之外。法令以外的人，應當死罪無赦。應當讓賢能的人靠能力謀生，讓勇敢的人靠戰功謀生。賢能的人靠能力謀生，那麼君主會被尊崇而百姓順從；勇敢的人靠戰功謀生，那麼士卒不怕患難而蔑視敵人。君主被尊崇而百姓順從，士卒不怕患難而蔑視敵人，這兩者樹立於國內，那麼天下就會太平，君主就無憂了。

凡赦者，小利而大害者也，故久而不勝其禍。毋赦者，小害而大利者也，故久而不勝其福。故赦者，犇馬之委轡[1]；毋赦者，痤雎之礦石也[2]。爵不尊、祿不重者，不與圖難犯危[3]，以其道為未可以求之也[4]。是故先王制軒冕所以著貴賤，不求其美；設爵祿所以守其服[5]，不求其觀也。使君子食於道[6]，小人食於力。君子食於道，則上尊而民順；小人食於力，則財厚而養足。上尊而民順，財厚而養足，四者備體，則胥足上尊時而王不難矣[7]。文有三侑[8]，武毋一赦。惠者，多赦者也，先易而後難，久而不勝其禍；法者，先難而後易，久而不勝其福。故惠者，民之仇讎也[9]；法者，民之父母也。太上以制制度[10]，其次失而能追之[11]，雖有過，亦不甚矣。

注釋

1 委：丟棄。轡：馬韁繩。

2 痤雎（粵：鋤狙；普：cuó jū）：痈瘡。雎，通「疽」。郭沫若集校引孫星衍，曰：「雎當作疽。」

礦石：當作「砭石」，古代用於治療痈瘡的尖石或石片。

3 圖：謀劃，對付。犯：赴。

4 以其道為：按照他的辦法去做。

5 服：服用，指車馬、衣服、器用等享受的待遇。

6 食於道：靠才能吃飯。道，治國之道。

7 胥：等待。足上尊：據王念孫云，此三字由上文而衍。

8 侑：通「宥」，寬恕。

9 仇讎：仇敵。

10 太上：最上。以制制度：用法制來控制衡量人們的行為。

11 追：補救。

譯文

大凡施行赦免，都只是利小而弊大的事，久而久之就禍害無窮。不施行赦免，是弊小而利大的事，久而久之就好處無窮。所以，施行赦免，正如馬奔跑時丟棄韁繩；不施行赦免，正如患痤瘡時使用砭石。爵位不尊，俸祿不重，沒有人與他共赴危難，這是因為按照他的辦法去做得不到爵位和俸祿。因此，先王制定車馬服飾，是用來區別貴賤的等級，不是追求華美；設置爵位俸祿的差別，是用來保持等級的制度，不是追求排場。要使官吏靠治國之道來謀生，百姓靠出力勞動謀生。官吏靠治國之道謀生，那麼君主就被尊崇，百姓就會順從；百姓靠出力勞動謀生，國家財用就豐厚，給養就充足。君主尊崇，百姓順從，財物豐厚，給養充足，這四個條件具備，那麼等待時機成就王業就不難了。對文官可以寬恕三次，對武將一次也不能赦免。恩惠就是多赦免，開始施行起來時容易而後就困難，長久施行就會禍害無窮。執行法制開始時很艱難而後就容易，長久堅持會好處無窮。所以恩惠實際上是百姓的仇敵，法制是百姓的父母。最好的辦法是用法制來控制衡量人們的行為，其次才是出現過錯進行補救，雖有過錯，也不至於十分嚴重。

明君制宗廟，足以設賓祀[1]，不求其美；為宮室臺榭[2]，足以避燥濕寒暑，不求其大；為雕文刻鏤[3]，足以辨貴賤，不求其觀[4]。故農夫不失其時[5]，百工不失其功，商無廢利，民無游日[6]，財無砥墆[7]。故曰：儉其道乎！

注釋

1 賓：通「儐」，敬。設賓祀：舉行祭祀活動。

2 為：建造。

3 雕文刻鏤：描繪的花紋及雕刻的圖案。《海國圖志》：「一歲種，二歲穫，又好雕文刻鏤，食器皆以銀為之，貢賦以金銀珠香。」

4 觀：美觀。

5 時：農時。

6 游日：遊手好閒的日子。

7 砥墆：通「底滯」，堵塞，不流通。

譯文

英明的君主修建宗廟，能舉行祭祀活動就行了，不追求其美觀；修築宮室臺榭，能避燥濕寒暑就行了，不追求其高大；雕飾花紋，刻木鏤金，能分辨貴賤等級就行了，不追求其華麗。這樣，農夫不耽誤農時，工匠能保證功效，商人沒有失利，百姓沒有遊蕩的時間，財貨也沒有積壓。所以說：節儉才是治國之道！

賞析與點評

《管子》如諸子一般，提倡節儉，此亦為二千年來的一大傳統。宋儒司馬光在《訓儉示康》中說：「『儉，德之共也；侈，惡之大也。』共，同也；言有德者皆由儉來也。夫儉則寡欲：君子寡欲，則不役於物，可以直道而行；小人寡欲，則能謹身節用，遠罪豐家。故曰：『儉，德之共也。』」司馬光不但把節儉視為經濟問題，更視之為道德問題。奢侈是不合道德的，有違世俗禮教。他說：「侈則多欲：君子多欲，則貪慕富貴，枉道速禍；小人多欲，則多求妄用，敗家喪身。是以居官必賄，居鄉必盜。故曰：『侈，惡之大也。』」明君也要量入為出以及「躬修節儉，思安百姓。」（《漢書・食貨志》）近年的歐債危機正是過度消費的禍端，此是古今中西文化的一大差異。

令未布而民或為之，而賞從之，則是上妄予也[1]。上妄予，則功臣怨；功臣怨，而愚民操事於妄作[2]；愚民操事於妄作，則大亂之本也。令未布而罰及之[3]，則是上妄誅也。上妄誅，則民輕生；民輕生，則暴人興、曹黨起而亂賊作矣[4]。令已布而賞不從，則是使民不勸勉、不行制、不死節。民不勸勉、不行制、不死節，則戰不勝而守不固；戰不勝而守不固，則國不安矣。令已布而罰不及，則是教民不聽。民不聽，則強者立；強者立，則主位危矣。故曰：憲律制度必法道[5]，號令必著明，賞罰必信密[6]，此正民之經也[7]。

注釋

1 妄予：亂施獎賞。

2 操事：從事。

3 及之：進行懲罰。

4 曹：群，眾。

5 憲：法令。《韓非子·定法》：「憲令著於官府。」法：效法。法道：符合治國之道。

6 密：據王念孫云，當作「必」，必行。

7 經：常規，常道。

譯文

法令還沒有頒佈，百姓中有人偶然做到了，便進行獎賞，那便是君主亂施獎賞。君主亂施獎賞，功臣就會抱怨；功臣抱怨，愚頑的人就會胡作非為；胡作非為，便是發生動亂的禍根。法令還沒有頒佈，就先進行懲罰，那便是君主亂施刑罰。

君主亂施刑罰，百姓就會輕生而不怕死；百姓輕生不怕死，殘暴的人就會興起，就會朋黨林立、犯上作亂了。法令已經頒佈而不能依法行賞，這就使百姓不能受到鼓勵，不肯執行軍令，不肯為國死節。百姓不能受到鼓勵，不肯執行軍令，不肯為國死節，那麼征戰就不能勝利，守衛就不能堅固。征戰不能勝利，守衛不能堅固，國家就不能安全了。法令已經公佈，而不能依法行罰，這就使百姓不服從法令。百姓不服從法令，強暴的人就會起來造反；強暴的人起來造反，君主的地位就危險了。所以說：法律制度一定要合於治國之道，號令一定要嚴明，賞罰一定要堅決如實地執行，這都是規正百姓的準則。

凡大國之君尊，小國之君卑。大國之君所以尊者，何也？曰：為之用者眾也。小國之君所以卑者，何也？曰：為之用者寡也。然則為之用者眾則尊，為之用者寡則卑，則人主安能不欲民之眾為己用也？使民眾為己用，奈何？曰：法立令行，則民之用者眾矣；法不立，令不行，則民之用者寡矣。故法之所立、令之所行者多，而所廢者寡，則民不誹議[1]；民不誹議，則聽從矣。法之所立，令之所行，與其所廢者鈞[2]，則國毋常經；國毋常經，則民妄行矣。法之所立、令之所行者寡，而所廢者多，則民不聽；民不聽，則暴人起而奸邪作矣。

注釋

1 誹議：誹謗議論。

2 鈞：通「均」，均等，相等。

譯文

凡是大國的君主地位都尊貴，小國的君主地位都卑微。大國君主為甚麼地位尊貴呢？因為被他所用的人多。小國的君主地位何以卑微呢？因為被他所用的人少。既然如此，被他所用的人多就尊貴，所用的人少就卑微，那麼君主怎能不希望眾多的人為自己所用呢？要使百姓多為己用，怎麼辦？回答是：制定法律，執行法令，為其所用的人就多；法律不制定，法令不執行，為其所用的人就少。所以，制定的法律和執行的命令多，而被廢棄的少，百姓就不會非議朝政，百姓不非議朝政就能聽從命令了。制定的法律和執行的命令，與背棄的法令相等，國家就沒有正常的法律，國家沒有正常的法律，百姓就會胡作非為。制定的法律和執行的命令少，而被廢棄的多，百姓就不肯服從，百姓不服從法令，強暴的人就要起來造反，奸邪之輩就要作亂了。

計上之所以愛民者[1]，為用之愛之也。為愛民之故，不難毀法虧令[2]，則是失所謂愛民矣。夫以愛民用民，則民之不用明矣。夫至用民者[3]，殺之危之，勞之苦之，飢之渴之；用民者將致之此極也，而民毋可與慮害己者。明王在上，道法行於國，民皆捨所好而行所惡。故善用民者，軒冕不下擬[4]，而斧鉞不上因[5]。如是，則賢者勸而暴人止。賢者勸而暴人止，則功名立其後矣。蹈白刃[6]，受矢石[7]，入水火[8]，以聽上令；上令盡行，禁盡止。引而使之，民不敢轉其力；推而戰之，民不敢愛其死。不敢轉其力，然後有功；不敢愛其死，然後無敵。進無敵，退有功，是以三軍之眾皆得保其首領[9]，父母妻子完安於內[10]。故民未嘗可與慮始[11]，而可與樂成功[12]。是故仁者、知者、有道者，不與大慮始[13]。

注釋

1 計：衡量，考慮。

2 難：以……為難事。虧：減損。

3 至用民者：最善於使用百姓的人。

4 軒冕：車服，指賞賜。《後漢書・崔駰傳》：「臨雍泮以恢儒，疏軒冕以崇賢。」擬：考慮給予。

5 斧鉞：指刑罰。《漢書・刑法志》：「大刑用甲兵，其次用斧鉞，中刑用刀鋸，其次用鑽鑿。」

6 蹈白刃：踩利刃。

7 受矢石：冒着箭石。

8 入水火：赴湯蹈火。

9 首領：腦袋。

10 完安：完好安穩。

11 慮始：考慮開始，指創業。

12 樂：享受。

13 大：當作「人」，百姓。

譯文

考察君主愛民的原因，是為了役使他們才愛護他們的。因為愛民的緣故，而不惜毀壞法度，削減命令，那就失去愛民的意義了。單用愛民的方式役使人民，那人民也不會為其所用，這是顯而易見的。善於用民的人，要能對他們施以刑罰、置以危急、勞其身體、苦其心志，讓他們嚐到飢渴的滋味。用民者可以用這種極端的手段，而不能讓他們感覺到這是對他們的傷害。英明的君主在上執政，道德和法令在全國通行，人民都能捨棄愛幹的私事而做不愛幹的的公務。所以，善於用民的人，不會隨意賞賜車服，不會輕易施加刑罰。這樣，賢人才能得到勉勵，惡人才能得到制止。賢人被勉勵惡人被制止，而後君主便能功成名就了。人們能腳踏利刃、冒着箭石、赴湯蹈火，服從君主的命令。君主有令都執行，有禁都制止，召來就使用他們，百姓不敢轉移力量；送去戰爭，百姓不敢吝惜生命。不敢轉移力量，然後可以立功；不敢吝惜生命，然後可以無敵。前進無敵，後退有功，於是三軍的戰士都能夠保住他們的性命，使父母妻子都能在國內完好安穩。所以，同百姓是不能謀劃事業的創始的，而可以同他們享受事業的成功。因此，仁慈的、明智的、有道的君主，都不與百姓謀劃事業的開始。

國無以小與不幸而削亡者，必主與大臣之德行失於身也，官職、法制、政教

失於國也，諸侯之謀慮失於外也，故地削而國危矣。國無以大與幸而有功名者，必主與大臣之德行得於身也，官職、法制、政教得於國也，諸侯之謀慮得於外也。然後功立而名成。然則國何可無道？人何可無求？得道而導之，得賢而使之，將有所大期於興利除害。期於興利除害莫急於身，而君獨甚。傷也，必先令之失。人主失令而蔽[1]，已蔽而劫[2]，已劫而弒[3]。

注釋

1 蔽：蒙蔽。

2 劫：威脅。

3 弒：殺，古代臣殺君、子殺父母稱弒。

譯文

國家從來沒有因為小和不幸而削弱危亡的，一定是因為君主和大臣自身失德，國內的官職、法制、政教有失誤，對諸侯國的外交政策有失誤，所以土地被削減甚至國家危亡。國家也沒有因為大和僥倖而成功立名的，一定是因為君主和大臣自身有德，國內官職、法制、政教有成就，對諸侯國的外交政策有成就，然後功業立且名望成。既然如此，治國怎麼可以沒有正道？用人怎麼可以不用賢人？得正道而引導之，得賢才而使用之，這對於國家興利除害是大有希望的。希望興利除害，沒有比以身作則更急需的了，而國君尤為重要。如果興利除害受到損害，那一定首先是法令有錯誤。君主因法令錯誤而受到蒙蔽，因受到蒙蔽而受到威脅劫持，因受到劫持而被殺。

賞析與點評

國家實力從不是按國土的大小而定，而是由主事者的德行以及國民素質而決定。今天，不丹是全球幸福指數最高之國家，也是各地旅客夢寐以求的景點，甚至是移民天堂，正因該國民風純樸，政治澄明。反觀國大而德鄙者，國民千方百計想移居他國，早在二千年前的《管子》也意識到此問題的關鍵。

凡人君之所以為君者，勢也。故人君失勢，則臣制之矣。勢在下，則君制於臣矣；勢在上，則臣制於君矣。故君臣之易位，勢在下也。在臣期年，臣雖不忠，君不能奪也；在子期年，子雖不孝，父不能服也。故《春秋》之記，臣有

弒其君、子有弒其父者矣。故曰：堂上遠於百里[1]，堂下遠於千里，門庭遠於萬里[2]。今步者一日[3]，百里之情通矣；堂上有事，十日而君不聞，此所謂遠於百里也。步者十日，千里之情通矣；堂下有事，一月而君不聞，此所謂遠於千里也。步者百日，萬里之情通矣，門庭有事，期年而君不聞，此所謂遠於萬里也。故請入而不出謂之滅[4]，出而不入謂之絕，入而不至謂之侵，出而道止謂之壅[5]。滅絕侵壅之君者，非杜其門而守其戶也，為政之有所不行也。故曰：令重於寶，社稷先於親戚[6]，法重於民，威權貴於爵祿。故不為重寶輕號令，不為親戚後社稷，不為愛民枉法律，不為爵祿分威權。故曰：勢非所以予人也。

注釋

1 堂：指朝廷。

2 門庭：指宮廷。

3 步者一日：步行者走一天。

4 請：通「情」。

5 道止：半路停止。

6 親戚：古代指父母兄弟等。

譯文

大凡君主之所以能成為君主，是因為他有權勢。所以，君主失去權勢，臣下就能控制他了。權勢在下面，君主就被臣下所控制；權勢在上面，臣下就由君主控制。所以，君臣的地位顛倒，是因為君主的權勢下落。大臣得勢一整年，臣下即使不忠，君主也不能剝奪他的權力；兒子得勢一整年，兒子即使不孝，父親也不能制服他。因此《春秋》記載了臣殺君、子殺父的事情。所以說：殿堂上可以比百里還遠，殿堂下可以比千里還遠，宮廷可以比萬里還遠。現在步行一天，方圓百里的情況就全了解了，可是殿堂上發生的事情，十天之內君主都不會知道，這就是所謂「比百里還遠」；步行十天，方圓千里的情況就全了解了，可是殿堂下發生的事情，一個月內君主都不會知道，這就是所謂「比千里還遠」；步行百天，方圓萬里的情況就可以全了解了，可是宮廷里發生的事情，一年之內君主都不會知道，這就是所謂「比萬里還遠」。所以，事情報入朝廷而政令不能出來稱為滅，政令出來而執行情況不能報入朝廷稱為絕，事情報入朝廷而不能到君主手中稱為侵，政令出來而在半路被堵塞稱為壅。有滅、絕、侵、壅現象的國君，並不是因為有人堵塞了他的門，封鎖了他的家，而是因為政令不能推進的緣故。所以說：政令比寶物重要，國家政權要放在親戚的前面，法制比百姓重要，權勢比爵祿珍貴。所以不能為了看重寶物而看輕號令，不能為了親戚而把國家放在後面，不能為了愛民而歪曲法律，不能為了爵祿而分散權勢。所以說：權勢是不能給予他人的。

政者，正也。正也者，所以正定萬物之命也。是故聖人精德立中以生正，明正以治國。故正者，所以止過而逮不及也[1]。過與不及也，皆非正也；非正，則傷國一也。勇而不義傷兵，仁而不法傷正[2]。故軍之敗也，生於不義；法之侵也，生於不正。故言有辨而非務者[3]，行有難而非善者。故言必中務，不苟為辯；行必思善，不苟為難。

注釋

1 逮：及，到。

2 仁而不法傷正：當為「仁而不正傷法」。

3 辨：通「辯」。

譯文

政，就是「正」。所謂正，是用來公正地確定萬物的命運。因此，聖人總是修養德行並通過中庸標準來培養公正，明確公正的態度來治理國家。所以正是用來禁止過分和補充不足的。過分與不足，都不是公正的，不公正有害國家的統一。勇敢而不合乎正義有害軍隊，仁慈而不合乎公正有害法度。所以軍隊的失敗，在於不合乎正義，法度的破壞在於不合乎公正。言論有雄辯而不務實際的，行為是謹慎而沒有實效的。所以，言論一定要中正務實，不苟且於雄辯；行動一定要考慮實效，不苟且於謹慎。

規矩者，方圜之正也[1]。雖有巧目利手，不如拙規矩之正方圜也[2]。故巧者能生規矩，不能廢規矩而正方圜。雖聖人能生法，不能廢法而治國。故雖有明智高行，倍法而治[3]，是廢規矩而正方圜也。

注釋

1 圜：同「圓」。

2 拙：笨拙。引申為粗糙，原始。

3 倍：通「背」。背離，離棄。

譯文

規矩，是用來矯正方圓的。人即使有靈巧的雙眼和利索的雙手，也不如粗笨的規矩能矯正方圓。所以，能工巧匠能製造規矩，但不能廢棄規矩來矯正方圓。聖人能制定法度，但不能廢棄法度來治理國家。所以，雖有智力非凡、德行高尚的君主，如果違背法度治國，就等於廢除規矩來矯正方圓一樣。

一曰[1]：凡人君之德行威嚴，非獨能盡賢於人也[2]；曰人君也，故從而貴之，不敢論其德行之高卑有故。為其殺生，急於司命也[3]；富人貧人，使人相畜也；貴人賤人，使人相臣也。人主操此六者以畜其臣[4]，人臣亦望此六者以事其君，君臣之會，六者謂之謀[5]。六者在臣期年，臣不忠，君不能奪；在子期年，子不孝，父不能奪。故《春秋》之記，臣有弒其君，子有弒其父者，得此六者，而君父不智也[6]。六者在臣，則主蔽矣；主蔽者，失其令也。故曰：令入而不出謂之蔽，

令出而不入謂之壅，令出而不行謂之牽[7]，令入而不至謂之瑕[8]。牽瑕蔽壅之事君者[9]，非敢杜其門而守其戶也，為令之有所不行也。此其所以然者，由賢人不至而忠臣不用也。故人主不可以不慎其令[10]。令者，人主之大寶也。

注釋

1 一曰：另一種說法，另一種記載，是編書者之辭。
2 獨：特別。盡：全，都。
3 司命：主管生死的神。
4 操：持，拿。六者：指生、死、貧、富、貴、賤。
5 謂：通「為」。謀：通「媒」。
6 智：通「知」。
7 牽：牽累，被左右所牽制。
8 瑕：通「格」，捍格，阻礙。
9 事：當為衍字。
10 慎其令：慎重地對待法令。

譯文

有一種說法：君主的威嚴，不是因為他的德行比別人特別好，而因為他是君主，因而人們尊崇他，並不敢評論他德行的高低。因為君主掌握着生殺大權，比掌管命運之神還厲害；他還掌管着貧富大權，能使人相互蓄養；他還掌握着貴賤大權，能使人相互服從。君主掌握着生死、貧富、貴賤這六項大權來蓄養臣下，臣下也看着這六種大權來侍奉他們的君主。君臣的聚合就是以六種大權為媒介的。這六種權力掌握在大臣手裏一年，臣雖不忠，君主也不能剝奪；在兒子手裏一年，子雖不孝，父親也不能剝奪。所以《春秋》記事，有臣殺君的，有子殺父的，是因為他們獲得了這六種大權而做君主做父親的還不知道。六種大權落在臣下手裏，君主就受蒙蔽了。君主受蒙蔽，就是失去了政令。所以說：政令只能報入而不能發出稱為蔽，政令只能發出而不能報入稱為壅，政令只能發出而不能施行稱為牽，政令只能報入而不能到達君主手中稱為格。有了牽、格、蔽、壅現象的君主，並不是因為有人堵塞了他的門，封鎖了他的家，而是政令不能施行的緣故。這種情況之所以出現，是因為賢人不來，忠臣不用。所以，君主對政令不可以不慎重。政令，是君主的大寶。

一曰：賢人不至謂之蔽，忠臣不用謂之塞，令而不行謂之障，禁而不止謂之逆。蔽塞障逆之君者，不敢杜其門而守其戶也，為賢者之不至、令之不行也。

譯文

還有一種說法是：賢人不來稱為蔽，忠臣不用稱為塞，有令而不能行稱為障，有禁而不能止稱為逆。有了蔽、塞、障、逆現象的君主，並不是因為有人堵塞了他的門，封鎖了他的家，而是因為賢人不來，政令不能施行。

凡民從上也，不從口之所言，從情之所好者也；上好勇，則民輕死；上好仁，則民輕財。故上之所好，民必甚焉。是故明君知民之必以上為心也[1]，故置法以自治，立儀以自正也。故上不行，則民不從；彼民不服法死制[2]，則國必亂矣。是以有道之君，行法修制，先民服也[3]。

注釋

1 以上為心：以君主的意志為標準。

2 服法死制：服從法令，死於法制。

3 先民服：先於人民而實行，即率先垂範。

譯文

大凡百姓服從君主，不是看他嘴裏說的甚麼話，而是看他性情的喜好。君主喜好勇敢，百姓就不怕死；君主喜好仁義，百姓就輕視財物；君主所喜好的，百姓必定更喜好。所以，聖明的君主必定知道百姓是以君主的喜好作為自己所喜好的，所以要確立法制來自己治理自己，樹立禮儀來自己規正自己。所以，君主不以身作則，百姓就不會服從，百姓不肯服從法令，不肯死於制度，國家就一定要亂了。所以，有道的君主，施行法令、修訂制度，總是先於百姓躬行實踐的。

凡論人有要：矜物之人[1]，無大士焉。彼矜者，滿也；滿者，虛也。滿虛在物，在物為制也。矜者，細之屬也。凡論人而遠古者[2]，無高士焉。既不知古而易其功者[3]，無智士焉。德行成於身而遠古，卑人也；事無資[4]，遇時而簡其業者，愚士也。釣名之人，無賢士焉；釣利之君，無王主焉。賢人之行其身也，忘其有名也；王主之行其道也，忘其成功也。賢人之行，王主之道，其所不能已也。

注釋

1 矜：矜持，傲慢。
2 遠古：當作「違古」。
3 易其功：把建功立業看得很容易。
4 資：憑藉。

譯文

大凡評定人物都有以下要領：恃才傲物的人，不會成就大業。驕傲，就是自滿；自滿，就是空虛。行事自滿與空虛，就會遭限制。因此驕傲是渺小的。大凡評價人物而違背歷史規律的，肯定不是高明的人。既不懂歷史又把建功立業看得輕而易舉的，肯定不是智慧的人。自身還不具備德行而又違背歷史規律的，肯定是卑賤的人；做事沒有根基，時機來臨時又怠慢事業的，肯定是愚蠢的人。沽名釣譽的人，肯定不是賢能的人；貪求利益的君主，不是能成就王業的君主。賢人立身行事，早已忘記了名譽；君主治理國家，早已忘記了功業。賢人行事，君主治理國家，都是自己想停下來也不可能的。

賞析與點評

「不矜而莊。」（《禮記．表記》）即指驕傲。《管子．禁藏》也說：「驕傲侈泰，離度絕理，其唯無禍，福亦不至矣。」傳統文言中，驕傲是貶義詞，可是近數十年，遭人胡亂使用，寫成「我的驕傲」、「中國人的驕傲」，不但不合古意，更是詞不達意。

明君公國一民以聽於世[1]，忠臣直進以論其能。明君不以祿爵私所愛，忠臣不誣能以干爵祿[2]。君不私國，臣不誣能，行此道者，雖未大治，正民之經也。今以誣能之臣事私國之君，而能濟功名者[3]，古今無之。誣能之人易知也。臣度之先王者[4]，舜之有天下也，禹為司空，契為司徒，皋陶為李[5]，后稷為田[6]。此四士者，天下之賢人也，猶尚精一德以事其君[7]。今誣能之人，服事任官，皆兼四賢之能。自此觀之，功名之不立，亦易知也。故列尊祿重，無以不受也；勢利官大，無以不從也；以此事君，此所謂誣能篡利之臣者也。世無公國之君，則無直進之士；無論能之主，則無成功之臣。昔者三代之相授也，安得二天下而殺之[8]。

注釋

1 一民：一民同俗，使人民的思想風俗齊同。語出《晏子春秋．問上十八》：「古者百里而異習，千里而殊俗。故明王修道，一民同俗。」

2 誣能：冒充有才能。誣，謊稱。《韓非子．二柄》：「故君見惡則群臣匿端，君見好則群臣誣能。」陳奇猷集釋引舊注：「誣其能，欲見用。」干，求取。

3 濟：成就。

4 臣：自稱。度：思量，考慮。

5 李：同「理」，主管刑獄的官員。

6 田：主管農業的官員。

7 精一德：精通一事。

8 二：其他，另一個。

譯文

明君以公治國，統一民心，聽從世人的評論；忠臣由正道進取來顯示他的才能，供君主評定。明君不肯私授爵祿給所愛的人，忠臣不冒充有才能來獵取爵祿。君主不以私心治國，臣下不會冒充賢能，能夠這樣做，即使國家尚未實現大治，也合於規正人民的準則。任用冒充賢能的臣下來事奉以私心治國的君主，這樣而能完成功業的，從古至今都沒有。冒充賢能的人很容易遭識破。我想起先王的歷史，舜有天下的時候，禹為司空，契為司徒，皋陶為獄官，后稷為田官；這四人都是天下的賢人，還尚且只能各自精通一事來侍奉君主。現在冒充賢能的人，做事當官，都是身兼四賢的職責。由此看來，不能建立功業名聲，也就容易理解了。高爵重祿無不接受，勢利官大無不樂從，用這樣的人來侍奉君主，就是所謂冒充有能、纂取財利的臣子。世上沒有以公治國的君主，就沒有以直道求進的臣子；沒有識別賢能的君主，就沒有成就功業的臣子。從前三代以公傳授天下，哪有第二個天下可供營私呢？

貧民傷財，莫大於兵；危國憂主，莫速於兵。此四患者明矣，古今莫之能廢也。兵當廢而不廢，則古今惑也[1]；此二者不廢而欲廢之[2]，則亦惑也。此二者傷國一也[3]。黃帝唐虞，帝之隆也，資有天下，制在一人。當此之時也，兵不廢。今德不及三帝，天下不順，而求廢兵，不亦難乎？故明君知所擅，知所患。國治而民務積[4]，此所謂擅也[5]。動與靜，此所患也。是故明君審其所擅，以備其所患也。

注釋

1 古今：王念孫云：「今本『古今』二字，涉上文『古今』而衍。」

2 王念孫云：「『此二者』三字，涉下文『此二者』而衍。『不廢而欲廢之』，『不』下又脫『當』字」。

3 傷國一：對國家的危害是一樣的。

4 務積：致力於積累。

5 「擅」字上不當有「謂」。

譯文

勞民傷財，沒有比用兵更重的了；危國傷君，也沒有比用兵更快的了。這四者之為害是很明顯的，但古往今來都不能廢除。戰爭應當廢除而不廢除，是錯誤的；戰爭不應當廢除而廢除，也是錯誤的。這兩者對國家的危害是一樣的。黃帝、唐堯、虞舜的盛世，有天下財用，權力集中在一人。就在這時，兵備都沒有廢除。現今君主的德行不及上述三帝，天下又不太平，而求廢除兵備，不是將要招致災難麼？所以，英明的君主懂得應該專務甚麼，防患甚麼。國家安定且百姓致力於積蓄，這就是所專務的事；動靜失宜，這就是所要防患的。因此，明君總是審慎對待所專務的事，又充分地防備所憂患的事。

猛毅之君[1]，不免於外難；懦弱之君，不免於內亂。猛毅之君者輕誅，輕誅之流[2]，道正者不安；道正者不安，則材能之臣去亡矣[3]。彼智者知吾情偽，為敵謀我，則外難自是至矣。故曰：猛毅之君，不免於外難。懦弱之君者重誅[4]，重誅之過，行邪者不革[5]；行邪者久而不革，則群臣比周[6]；群臣比周，則蔽美揚惡[7]；蔽美揚惡，則內亂自是起。故曰：懦弱之君，不免於內亂。

注釋

1 毅：殘酷。

2 流：流弊。

3 去亡：離國出走。

4 重：慎重。

5 革：改。

6 比周：結黨營私。

7 蔽美揚惡：掩蓋君主的好處而宣揚君主的壞處。

譯文

兇暴殘酷的君主，難免於外患；懦弱膽小的君主，難免於內亂。兇暴殘酷的君主輕易殺人，輕易殺人的流弊，就是使走正道的人感到不安；走正道的人感到不安，有才能的大臣就會離國出走，那些足智多謀的人就會知道我們的虛實，而幫助敵國圖謀攻伐，外患就從此到來了。所以說：兇暴殘酷的君主難免於外患。懦弱膽小的君主慎重刑殺，慎重刑殺的錯誤，就是不能使做壞事的人改邪歸正；久而久之，群臣就結黨營私；群臣結黨營私，就掩蓋君主的好處而宣揚君主的壞處；掩蓋君主的好處而宣揚君主的壞處，內亂就從此發生了。所以說：懦弱膽小的君主難免於內亂。

賞析與點評

荀子《勸學篇》：「肉腐出蟲，魚枯生蠹。」宋代蘇軾於《范增論》也說：「物必先腐也，而後蟲生之。人必先疑也，而後讒入之。」國家的亂象往往不是外人引起，而是內部腐敗而致，就像感冒一般，先是抵抗力不足，才易受感染。故為政者不得輕言外部力量使國家陷入混亂，而要再三反思自身不足。

明君不為親戚危其社稷，社稷戚於親[1]；不為君欲變其令，令尊於君；不為重寶分其威，威貴於寶；不為愛民虧其法，法愛於民。

注釋

1 戚：親近。

譯文

明君不因為親戚危害他的國家政權，國家政權比親戚更親近；不因為個人私欲改變法令，法令比君主更尊貴；不因為貴重寶物分讓權力，權力比寶物更貴重；不因為愛民削弱法度，法令比百姓更值得愛惜。

問第二十四

本篇導讀——

問，即詢問，察問，調查。為政治國首先需要調查研究，本篇即是從建立國家法令、推行霸王之術的角度所提出的一份施政提綱。本篇由設問構成，由六十五項問題組成，所問內容均為治國施政措施，涉及政治、經濟、軍事、社會救濟、宗法制度等各個方面，為執政治國提供了重要的參考依據。本篇不僅有細緻的政策措施，而且有詳盡核實的調查，政策以調查為基礎，反映出管仲學派認真務實的作風。該篇綱目具體，角度多變，設計細密，堪與《楚辭．天問》並美。

凡立朝廷[1]，問有本紀[2]。爵授有德，則大臣興義；祿予有功，則士輕死節[3]。上帥士以人之所戴，則上下和；授事以能，則人上功[4]。審刑當罪[5]，則人不易訟；無亂社稷宗廟，則人有所宗[6]。毋遺老忘親[7]，則大臣不怨；舉知人急[8]，則眾不亂。行此道也，國有常經，人知終始[9]，此霸王之術也。

注釋

1 立：同「蒞」。

2 本紀：根本原則。

3 輕死節：把死看得很輕，勇於為國犧牲。

4 上：通「尚」，崇尚，重視。

5 審刑：量刑。當：符合。

6 宗：奉養祖宗。

7 遺老忘親：遺忘老臣或近臣。

8 舉知人急：舉即盡，充分。急，困難。

9 終始：事情的開頭和結尾，指整個過程。

譯文

大凡主持朝政，調查要有根本法則。爵位授予有德的人，大臣就會倡導仁義；祿賞賜予有功的人，戰士就會視死如歸。君主任用人們擁戴的將領帶兵，上下就會和睦一致；根據能力安排職事，百姓就會講求功效。審判刑獄與罪相符，百姓就不會輕易訴訟；社稷宗廟安定無亂，百姓就有所宗奉。不遺忘老臣和近親，大臣就不會抱怨；全面了解百姓的急難，百姓就不會作亂。推行這些法則，國家就有定法常規，人民也就知道行為規範，這是創立霸王之業的策略。

然後問事，事先大功，政自小始[1]。問死事之孤[2]，其未有田宅者有乎？問少壯而未勝甲兵者幾何人[3]？問死事之寡[4]，其餼稟何如[5]？問國之有功大者，何官之吏也[6]？問州之大夫也，何里之士也？今吏亦何以明之矣[7]？問刑論有常以行[8]，不可改也，今其事之久留也何若[9]？問五官有度制，官都其有常斷[10]，今事之稽也何待[11]？問獨夫、寡婦、孤寡、疾病者幾何人也[12]？問國之棄人[13]，何族之子弟也？問鄉之良家[14]，其所牧養者幾何人矣[15]？問邑之貧人，債而食者幾何家[16]？問理園圃而食者幾何家[17]？人之開田而耕者幾何家？士之身耕者幾何家？問鄉之貧人，何族之別也[18]？問宗子之收昆弟者[19]，以貧從昆弟者幾何家？餘子仕而有田邑[20]，今入者幾何人[21]？子弟以孝聞於鄉里者幾何人？餘子父母存，不養而出離者幾何人[22]？士之有田而不使者幾何人[23]？吏惡何事[24]？士之有田而不耕者幾何人？身何事？君臣有位而未有田者幾何人？外人之來從而未有田宅者幾何家[25]？國子弟之游於外者幾何人？貧士之受責於大夫者幾何人[26]？官賤行書[27]，身士以家臣自代者幾何人？官承吏之無田餼而徒理事者幾何人[28]？群臣有位事官大夫者幾何人？外人來游在大夫之家者幾何人？鄉子弟力田為人率者幾何人？國子弟之無上事[29]，衣食不節，率子弟不田弋獵者幾何人？男女不整齊[30]，亂鄉子弟者有乎？問人之貸粟米有別券者幾何家[31]？

注釋

1 事先大功：調查情況先從大事入手。政自小始：治理起來先從小事做起。

2 死事：為王事而死難的人。

3 勝：服役，承擔。未勝甲兵：還沒有參軍。

4 寡：死了丈夫的女人。

5 餼（粵：戲；普：xì）廩：國家供應的糧食。餼，生食；廩，米粟。

6 官：指五官，本書指大行、大司田、大司馬、大司理、大司諫，下文「五官有度制」的「五官」同。

7 明：顯明，獎賞，尹知章注「優賞厚祿」。

8 刑論：按罪判決。以行：按照執行。

9 久留：拖延不決。

10 官都：統領五官的官員。

11 稽：拖延。

12 孤寡：一說為「孤窮」。

13 棄人：有罪而遭流放的人。

14 良家：富家。

15 牧養：富家奴役之人。

16 債而食：靠借債度日。

17 理園圃而食：靠經營菜園為生。

18 別：支裔，這裏指後代。

19 宗子：宗族的繼承人，一般為嫡長子。昆弟：兄弟。

20 餘子：與「昆弟」略同，嫡長子以外的子弟。

21 入：指入宗族之籍。

22 出離：出走依附別家。離，依附別家。

23 不使：不任事為官，沒有受任用。

24 吏惡何事：一說「吏」字衍，「惡何事」從上句。

25 外人：指其他諸侯國的人。

26 責：同「債」。

27 官賤行書：官，收養之意。官賤，即收養賤者。書，當為「賈」。

28 承吏：承，一說當為「丞」。丞吏即指低級官吏。田簸：土地和俸祿。

29 無上事：沒有正當職業。

30 整齊：指守規矩。

31 別券：尹知章注「謂分契也」，指貸放糧食於人後所握有的契券。

譯文

然後調查政事，調查情況先從大事入手，治理起來先從小事做起。調查為國捐軀者的遺孤，還有沒有未得到田宅的？調查青壯年中未服兵役的有多少？調查為國而死的人的遺孀，是否得到了糧食等撫恤品？調查為國家立了大功的人是哪一部門的官吏？調查各州的大夫，都是甚麼地方的人？現任官吏是憑甚麼才能獲提拔的？調查判刑應有常法，不能更改，但現在的案件卻都拖延不決，是為甚麼？調查五官各有制度，總領的官吏也經常斷案，現在案件拖延，還等待甚麼？調查鰥夫、寡婦、孤窮、病犯各有多少人？調查國中因罪而受放逐的罪犯都是哪個宗族的子弟？調查鄉里的富戶，所收養和使用的奴婢有多少？調查城內的窮人靠借債度日的有多少家？調查以經營果園菜圃為生的有多少家？開荒種田的有多少家？士人親自耕種的有多少家？調查鄉里的窮人，都是哪個家族的別支？調查嫡長子收養兄弟、或因貧寄食於兄弟之家者又有多少家？長子以下作了官，有了田邑後，仍在交稅的有多少人？以孝行聞名於鄉里的子弟有多少人？父母雖健在卻無力贍養，長子以下不侍奉而出贅為婿的有多少人？士人有田地而不肯出仕的有多少人？官吏厭惡甚麼事情？有田產而不耕作的士人有多少？他們在幹甚麼？群臣中有爵位而沒有田祿的有多少人？從其他諸侯國遷居而來還沒有田地房屋的有多少家？國內出遊別國的子弟有多少人？貧困士人向大夫借債的有多少？收養賤者經商，自身出仕，由家臣代理事物的有多少人？擔任丞吏之類小吏而沒有田產糧食，白白幹事的有多少人？群臣有職務且在大夫家做事的有多少人？外國人來本國遊歷，住在大夫家裏的有多少人？鄉里子弟，努力耕作，為人表率的有多少人？國中子弟不務正業，生活奢侈，率領子弟不事耕作而沉溺射獵的有多少人？男女不守規矩，擾亂鄉里子弟的情況有沒有？調查向人借貸糧食而握有借券的有多少家？

賞析與點評

一九三〇年五月，毛澤東寫了《反對本本主義》一文，提出「沒有調查，沒有發言權」。其實，《管子》一書已提出了有效管治的重要性。當然，這種調查與現代社會所理解的大有不同，現代公民社會的調查目的是了解民情以制訂政策，屬於民意主導，人民也樂於反映他們的意見，因現代人普遍有參與取向（participant orientation），積極表達社會訴求，希望政府尊重民意。然而，《管子》提倡的調查不屬此類，而是對民間的監管，屬於社會監控一類，依靠由上而下的力量監察不法之行為。在古代確實有此必要，因為古時沒有民間監督力量，像儒家般依賴內在的道德反省是不太可能的，畢竟貪婪乃人之本性，所以為君者以及統治集團必須事事問政，清代的雍正皇帝就是此方面的代表人物，據說他每日批奏摺達旦，事事親力親為。時移勢易，以一人之力，當然無法監督千萬人民，也是勞而少功。當今之世，最有效的往往是民間力量，開放言論自由，媒體、網絡、個體都是有效的制衡。

侈靡第三十五

本篇導讀——

侈靡，指奢侈消費。本篇從時代變革、百姓欲望方面論證奢侈消費的必然性和合理性，主張按等級實行奢侈消費，以此促進生產、促進就業、改善百姓生活、推動社會發展。這種消費觀念十分奇特，與傳統的崇尚節儉的消費觀念相對立，在中國古代經濟史上是一種罕見的經濟學說。本篇篇幅較長、內容繁蕪、脱誤頗多，採用桓公、管仲一問一答的形式，廣泛地論及政治、經濟、哲學等多方面的問題，包括如何駕馭臣民、與鄰國相交、守衛邊境以及陰陽五行、祭祀鬼神等內容。本書所選為談論奢侈消費的段落。

問曰：「古之時與今之時同乎[1]？」曰：「同。」「其人同乎[2]，不同乎？」曰：「不同。可與政其誅[3]。謈堯之時，混吾之美在下[4]。其道非獨出人也[5]，山不童而用贍[6]，澤不弊而養足[7]；耕以自養，以其餘應良天子[8]，故平。牛馬之牧不相及，人民之俗不相知，不出百里而求足。故卿而不理[9]，靜也。其獄一踦腓一踦屨而當死[10]。今周公斷指滿稽[11]，斷首滿稽，斷足滿稽，而死民不服。非人性也，敝也[12]。地重人載[13]，毀敝而養不足，事末作而民興之[14]，是以下名而上實也[15]。聖人者，省諸本而游諸樂[16]，大昏也，博夜也[17]。」問曰：「興時化若何[18]？」「莫善於侈靡。賤有實，敬無用[19]，則人可刑也[20]。故賤粟米而如敬珠玉，好禮樂而如賤事業，本之始也。珠者，陰之陽也，故勝火；玉者，陽之陰也，故勝水[21]。其化如神[22]。故天子臧珠玉，諸侯臧金石，大夫畜狗馬，百姓臧布帛。不然，則強者能守之，智者能牧之，賤所貴而貴所賤[23]。不然，鰥寡獨老不與得焉[24]，均之始也！

注釋

1 時：天時。

2 人：人事。

3 可：通「何」。

4 **混吾**：即昆吾，山名，傳説出產美金（即銅）。

5 **獨出人**：高人一等。

6 **童**：沒有草木的山。

7 **弊**：竭。

8 **應良**：奉養之意。良，當為「養」。

9 **卿而不理**：雖設官職但無事可治，即天下太平之意。

10 **一跨腓**（粵：肥；普：féi）**一跨屨**（粵：句；普：jù）：一腳穿草鞋一腳穿常鞋。跨，跛行，走路身體不平衡。腓，通「屝」，亦作「菲」，指草鞋。屨，平常的鞋子。

11 **稽**：通「階」，臺階。

12 **敝**：極度貧困。

13 **重**：貴重。載，通「戴」，增多。

14 **末作**：即末業，所謂工商等行業，本文專指奢侈消費品的生產。

15 **下名而上實**：不重虛名而重實用。下，輕視。上，重視。

16 **省**：省察，省視。本：農業生產。樂：遊樂之業。

17 **大昏也，博夜也**：指遊樂業進行到很晚甚至整夜。日暮為昏。大昏，指日之極暮。博夜，指夜之極深。

18 興時化：引領時代潮流。

19 有實：指糧食之類的事物。無用：指珠玉、禮樂之類的東西。

20 刑：通「型」，規範，控制。

21 「珠者」六句：根據五行相剋的道理，珠生於水從水，故能勝火，玉生於山從土，故能勝水。

22 化：作用。

23 賤所貴而貴所賤：即操縱價格。

24 不與得：不能從中受益。

譯文

桓公問道：「古今的天時相同麼？」管仲回答說：「相同。」「人事是否相同呢？」管仲回答說：「不同。表現在政令和刑罰兩個方面。帝嚳、帝堯的時代，昆吾山下埋藏着美銅卻無人開採。並非管理的辦法有甚麼獨到之處，是因為山上的木材不用砍光就已夠用，河中水產不用打撈完就已夠吃；百姓耕種自給自足，用餘量奉養天子，因而天下太平。百姓放牧牛馬而不會相遇，民間習俗也互不了解，不出百里就能滿足需要。因而雖設官職卻無可治，天下一派安靜和諧的景象。刑罰也是象徵性的，使罪犯一腳穿草鞋一腳穿常鞋就相當於死刑。可是到了周公的時代，斷指的罪犯、斷頭的罪犯和斷足的罪犯都擠滿了臺階，即使被處死，人民還是不服從。這並不是人性不怕死，而是生活極度貧困所致。土地貴重而人口增多，生活貧困而給養不足，但從事工商末業卻能使百姓生活振興起來，因此那時不重虛名而注重實效。聖明的君主省察農業生產並發展遊樂事業，以至日夜忙碌、通宵達旦。」桓公問道：「該怎樣與時俱進呢？」管仲回答：「最好的辦法是擴大侈靡消費。不看重有實用價值的農產品，而看重沒有實用價值的奢侈品，這樣百姓就會服從治理。所以不看重糧食而看重珠玉，重視禮樂而輕視農業，人們就能開始接受侈靡的觀點了。珠是陰中之陽，所以能剋火；玉是陽中之陰，所以能剋水。它們變化神奇。因此，天子儲備珠玉，諸侯儲備金石，大夫蓄養狗馬，百姓儲備布帛。否則，強者控制珠玉，智者操縱珠玉買賣，使貴的變賤、賤的變貴。不然，鰥夫寡婦、孤獨老人就不得賑濟了，這正是平均財富的開始！」

賞析與點評

先秦諸子思想有復古傾向，儒家好西周，墨家尚夏代，道家好黃帝，在他們的筆下，古代往往比當代理想。然而，本篇一針見血地指出，古代社會資源豐富，人口亦較少，即在供應充足、需要亦不甚高的情況下，競爭亦不會太過。這是現代經濟學的供求定律，本篇作者亦對此有初步的認識，非一味揚古抑今，陳腔濫調，對歷史發展有較深刻的觀察。故《管子》一書比起正統儒道墨三家更有現代化的「進步」觀念，沒有古比今勝的印象，反倡導歷史前進說，所以《管子》在社會改革上才能有更大膽的主張，因為其包袱相對較輕。日後中國歷史由尚古的儒家主導，改革往往只得託古改制才有望推出，王莽如是，康有為也如是，因可減少阻力，西魏宇文氏的政治改革是此類改革的佼佼者，也是極少數的成功者。相反，破舊立新的改革則大多胎死腹中，甚至消滅於萌芽之中。

「飲食者也，侈樂者也，民之所願也。足其所欲，贍其所願[1]，則能用之耳。今使衣皮而冠角，食野草，飲野水，孰能用之？傷心者不可以致功[2]。故嘗至味而罷至樂[3]，而雕卵然後淪之[4]，雕橑然後爨之[5]。丹沙之穴不塞[6]，則商賈不處[7]。富者靡之[8]，貧者為之，此百姓之怠生[9]，百振而食[10]。非獨自為也，為之畜化[11]。」

注釋

1 贍：滿足。

2 傷心者不可以致功：衣食不足，心情不好，不能建功立業。

3 罷：通「疲」。

4 淪（粵：若；普：yuè）：烹，煮。

5 橑：木柴，柴薪。爨：炊。

6 丹沙：泛指有利可圖的礦產。塞：封閉。

7 不處：不停止。

8 靡（粵：美；普：mǐ）之：消費。後文「為之」指生產。

9 怠生：安居樂業。怠，通「怡」。

10 百振：當作「相振」。振，通「賑」。

11 畜化：積累財富。化，通「貨」。

譯文

「飲食無憂，奢侈遊樂是百姓的願望。滿足他們的欲求和願望，才能役使他們。如果只讓百姓穿獸皮，戴牛角，吃野草，喝野水，怎麼能夠役使他們呢？心情憂傷就不能建功立業。所以要讓他們嚐最好的飲食，聽最美的音樂，把蛋彩繪了再煮食，把柴雕刻後再焚燒。丹砂礦穴不堵塞，商賈就不會停止販運。富人消費奢侈，使窮人生產謀生，這樣百姓才能安居樂業，百業相互賑濟而生，它們不能獨自發展，而靠君主為其繼續財貨。」

賞析與點評

一七一四年，英國學者曼德維爾（Bernard Mandeville，一六七〇—一七三三）出版了《蜜蜂的寓言：私人的惡毒，公眾的利益》（*The Fable of the Bees*）一書，曼氏假設人性本惡，繼而提出一些私人的惡德往往會造成公益，即著名的「私德公益說」，譬如個人的奢侈、浪費會造成公共利益，推動社會經濟。此學說，後來亞當·斯密（Adam Smith，一七二三—一七九〇）在他的不朽之作——《國富論》（*An Inquiry into the Nature and Causes of the Wealth of Nations*）中引用，方廣為人知，此後即成了古典經濟學的核心學說之一。《管子》一書比西方學者早了二千年，認定了人類追求享受生活的本質，以及區分了必需品與奢侈品的概念，肯定了人類除了滿足基本生活需要外，也要發展生活文化層。本篇作者更點出統治者要滿足人們在生活文化上的需求，才能穩定社會，他沒有像先秦的墨子一般，極端地反對奢侈消費，也沒有像儒家士人般空談仁義，而是深入地討論奢侈消費的好處，以及人性趨利求富的合理性，這也與諸子提倡強本節用，重農抑商的說法截然不同。

「無事而總[1]，以待有事，而為之若何？」「積者立餘日而侈[2]，美車馬而馳，多酒醴而靡，千歲毋出食[3]，此謂本事[4]。縣入有主，入此治用，然而不治，積之市，一人積之下，一人積之上，此謂利無常。百姓無寶，以利為首。一上一下[5]，唯利所處。利然後能通，通然後成國。利靜而不化，觀其所出，從而移之。」

注釋

1 總：積累財富。
2 立餘日：此處指有餘糧之時日。
3 出食：出外乞食。
4 本事：根本之事，此處指消費。
5 一上一下：這裏指百姓到處奔波。

譯文

「無事時進行積累，以備有事，該怎麼辦呢？」「積累財富的人應該消費餘量來奢侈生活，裝飾車馬以盡情奔馳，多釀美酒以縱樂享受，這樣的話，即使一千年也不用外出討飯，這就叫作積累財富的根本。各縣都有人主管，有人管理費用，而那些剩餘的收入就投放到市場上生利。有時收入愈積愈少，有時愈積愈多，這就叫贏利無常。百姓沒有別的寶物，把財利看得最重要，有時贏利多有時贏利少，但只要能贏利就會去追逐。有財利然後才能流通，流通後才能形成都市。財利靜止不通暢，就要分析其原因，然後轉移投資方向。」

賞析與點評

人類具有兩種本能，一種是求利致富之本能，另一種是享樂欲望的本能，人類為了滿足追求富貴的欲望，可以甘於勞筋動骨、冒着風險，甚至赴湯蹈火。西漢的司馬遷在《史記・貨殖列傳》說過：「能薄飲食，忍嗜欲，節衣服，與用事僮僕同苦樂，趨時若猛獸摯鳥之發。」指出人性本來就有享樂的本能，本來就是為求精神或肉體的滿足，如權力、口腹、耳目之欲等等。為了達到目的，人類往往不惜一切，勇往直前，即所謂「天下熙熙，皆為利來；天下攘攘，皆為利往。」

司馬遷此說大抵是繼承了本篇對人類內心追求奢侈的描述而來的，明白指出求利致富乃原始本能，因此人類致力謀取通貨；享樂欲望的本能是要犧牲財富，以換取生理、心理上的滿足與快感，兩者是相輔相成的。

「眾而約[1]，實取而言讓，行陰而言陽，利人之有禍，害人之無患，吾欲獨有是，若何？」「是故之時，陳財之道可以行[2]。今也利散而民察，必放之身然後行[3]。」公曰：「謂何？」「長喪以毀其時，重送葬以起身財，一親往，一親來，所以合親也。此謂眾約[4]。」問：「用之若何？」「巨瘞培[5]，所以使貧民也[6]；美壟墓[7]，所以使文明也[8]；巨棺槨，所以起木工也；多衣衾，所以起女工也。猶不盡，故有次浮也[9]，有差樊[10]，有瘞藏[11]。作此相食，然後民相利，守戰之備合矣。」

注釋

1 眾而約：眾為多，約為少。此句意為擁有的多而讓人看到的少。

2 故：同「古」。陳：施，用。

3 放：分散財利。身：疑為衍。

4 眾約：約定俗成的習俗。

5 瘞培（粵：音蔭；普：yì yìn）：墳坑或墓室。瘞，埋葬；培，土室。

6 使貧民：役使貧民，使他們有事做。

7 壟：墳墓。

8 文明：雕鏤刻畫的工匠。文，雕飾。明，同「萌」，民。

9 次浮：尹知章注「謂棺槨壟墓之外遊飾也」。

10 差樊：壟墓之外樹立以表示尊卑的樊籬。

11 瘞藏：金玉器物等陪葬物。

譯文

「所擁有的多而對人說少，實際上索取而對人說辭讓，行為詭譎而言語堂皇，利用別人的禍患而對人說無患，我想獨有這些，該怎麼辦呢？」回答說：「古時的生財之道可以推行，如今財利流散百姓都能察見，必須分散財利才行。」桓公問：「這是甚麼意思？」回答：「延長喪期以消磨百姓的時間，實行厚葬以耗費百姓的錢財，親故往來，密切親戚關係，這就是約定俗成。」桓公又問：「該怎麼做呢？」回答：「修建巨大的墓室，使貧民有事可做；裝飾美化墓地，使畫工雕匠有事可做；製造龐大的棺槨，使木工生財致富；多置隨葬的衣被，使女工掙錢養家。這還不夠，還要有棺槨外飾以彰顯等級，有墓地藩籬以昭示尊卑，以及金玉等隨葬物品。利用這些辦法，使百姓維持生計，並相互得利，於是國家的防守和征戰儲備就完整了。」

輕重甲第八十

本篇導讀——

本篇是《管子》六篇專論輕重之術的第一篇，其後還有五篇。甲、乙、丙、丁、戊、己是古人用天干標記篇章順序的方法。本篇從各個角度闡述了輕重之術的具體運用，選文主要論述了運用輕重之術「來天下之財，致天下之民」，論述了夏桀失天下商湯得天下的原因，論述了「厭宜乘勢，計議因權」的原則，藉祭神來徵稅。本篇開篇即強調了輕重之術不是一成不變的，應隨時勢而變，與時俱進。

桓公曰：「輕重有數乎[1]？」管子對曰：「輕重無數。物發而應之，聞聲而乘之。故為國不能來天下之財，致天下之民，則國不可成。」桓公曰：「何謂來天下之財？」管子對曰：「昔者桀之時，女樂三萬人，端噪晨樂聞於三衢[2]，是無不服文繡衣裳者。伊尹以薄之游女工文繡纂組[3]，一純得粟百鍾於桀之國[4]。夫桀之國者，天子之國也。桀無天下憂，飾婦女鐘鼓之樂，故伊尹得其粟而奪之流[5]。此之謂來天下之財。」桓公曰：「何謂致天下之民？」管子對曰：「請使州有一掌，里有積五窌[6]。民無以與正籍者予之長假[7]，死而不葬者予之長度[8]。飢者得食，寒者得衣，死者得葬，不資者得振[9]，則天下之歸我者若流水。此之謂致天下之民。故聖人善用非其有，使非其人，動言搖辭[10]，萬民可得而親。」桓公曰：「善。」

注釋

1 數：定數，規律。

2 端噪：指桀貴為天子在端門鼓噪歌樂。端，端門。晨樂：通宵達旦的舞樂。此處有脫誤，姑如上解。

3 薄：即「亳」。游女：無業閒散之女。工：通「攻」，從事。纂組：絲綢織物。

4 純：相當於「疋」。

5 流：指流通。

6 里：古代地方行政單位。窌：同「窖」，地窖。

7 正籍：本業，正業。假：借貸。

8 度：通「宅」，古代墓地也稱宅。長度：長久的葬地。

9 不資：不足。振：同「賑」，救濟。

10 動言搖辭：指發號施令。

譯文

桓公問：「掌握輕重的方法有規律可循麼？」管仲回答說：「掌握輕重的方法沒有定數。財物一旦產生就要有與之相應的政策措施，聽到消息就要及時加以利用。所以，治理國家而不能吸引天下的財富，招引天下的百姓，則國家難以成立。」桓公說：「甚麼叫作吸引天下的財富？」管仲回答說：「從前夏桀時，設有女樂三萬人，端門鼓噪的歌聲，通宵達旦的音樂，在大街上到處都能聽到，所有人都穿着華麗的衣服。伊尹讓亳地閒散的無業婦女織各種華美的彩色絲綢，一疋織物能從夏桀那裏換來一百鍾糧食。夏桀的國家是天子之國，但他不為天下大事憂勞，只追求聲樂的享樂，這就使伊尹取得了夏朝的糧食並且操縱了夏朝的商品流通。

這就叫作吸引天下的財富。」桓公說：「甚麼叫作招引天下的百姓？」管仲回答說：「請在各州設一名主管官吏，在各里儲備五窖糧食。對那些納不起稅的窮苦人家給予長期借貸，對那些無力負擔喪葬費用的窮苦人家給予墓地的費用。做到飢餓的人有飯吃，受凍的人有衣穿，死亡的人得到安葬，貧窮的人得到救濟，那麼天下人就會像流水一樣歸附我們。這就叫作招引天下的百姓。所以，聖明的君主善於利用不屬於自己的財富，善於役使不屬於自己的百姓，只要發出號令，民眾就能親附。」桓公說：「好」。

賞析與點評

本章是中國傳統扶貧主義的代表之作，對於貧窮人口，政府應加以補貼，生養死葬也應照顧。在現代社會，有些人認為適者生存，然其卻不知讓貧窮問題惡化，最終亦會影響社會整體利益，而此亦會動搖到每一個人的利益。所以，具遠見者，必須扶弱助危，使社會可持續地發展。

桓公問管子曰：「夫湯以七十里之薄，兼桀之天下，其故何也？」管子對曰：

「桀者冬不為杠[1]，夏不束柎[2]，以觀凍溺。弛牝虎充市[3]，以觀其驚駭。至湯而不然。夷疏而積粟[4]，飢者食之，寒者衣之，不資者振之，天下歸湯若流水。此桀之所以失其天下也。」桓公曰：「桀使湯得為是，其故何也？」管子曰：「女華者[5]，桀之所愛也，湯事之以千金；曲逆者[6]，桀之所善也，湯事之以千金。內則有女華之陰，外則有曲逆之陽，陰陽之議合[7]，而得成其天子，此湯之陰謀也。」

注釋

1 杠：橋。
2 柎：同「桴」，渡河的筏子。
3 弛：放縱。
4 夷疏：廣泛種植果蔬。原文作「夷競」，據郭沫若《管子集校》改。
5 女華：桀的寵妃。
6 曲逆：桀的佞臣。
7 陰陽之議合：指女華、曲逆內外勾結擁護商湯。

譯文

桓公問管仲：「商湯憑藉方圓七十里的亳地就兼併了夏桀的天下，是甚麼原因呢？」管仲回答說：「夏桀冬天不造橋，夏天不編渡筏，以便觀賞人們受凍和受淹的情況。還放縱雌虎進入集市，以便觀賞人們驚駭的情景。商湯就不是這樣。他收取蔬菜，儲存糧食，給飢餓的人飯吃，給受凍的人衣穿，對貧困的人給予救濟，於是天下百姓歸附商湯猶如流水一樣。這就是夏桀喪失天下的原因。」桓公說：「夏桀被商湯奪取天下，是為甚麼呢？」管仲說：「女華，是夏桀所寵愛的妃子，商湯用千金去賄賂她；曲逆，是夏桀所親近的大臣，商湯也用千金去賄賂他。宮廷內有女華的暗中相助，朝廷上則有曲逆的公開相助，內外相互勾結，最終使商湯成為天子，這便是商湯成功的計謀。」

賞析與點評

國家的大小並非成敗的關鍵，歷史上以弱勝強的例子太多了，而其共通之處是物先腐而後蟲生，敵人的堡壘往往由內部攻破。執政集團因腐朽而導致政權的崩塌，此後「一夫作難而七廟隳，身死人手，為天下笑」，這種事古今中外，屢見不鮮。

桓公曰：「寡人欲籍於室屋[1]。」管子對曰：「不可，是毀成也。」「欲籍於萬民[2]。」管子曰：「不可，是隱情也[3]。」「欲籍於六畜。」管子對曰：「不可，是殺生也。」「欲籍於樹木。」管子對曰：「不可，是伐生也。」「然則寡人安籍而可[4]？」管子對曰：「君請籍於鬼神。」桓公忽然作色曰：「萬民室屋、六畜、樹木，且不可得籍，鬼神乃可得而籍夫？」管子對曰：「厭宜乘勢[5]，事之利得也；計議因權，事之囿大也[6]。王者乘勢，聖人乘幼[7]，與物皆宜。」桓公曰：「行事奈何？」管子對曰：「昔堯之五吏、五官無所食[8]，君請立五厲之祭[9]，祭堯之五吏，春獻蘭，秋斂落[10]，原魚以為脯[11]，鯢以為殽[12]。若此，則澤魚之正伯倍異日[13]，則無屋粟邦布之籍[14]。此之謂設之以祈祥[15]，推之以禮義也。然則自足，何求於民也？」

注釋

1 籍於室屋：按照房屋數量抽稅。籍，抽稅。

2 籍於萬民：按照人頭來收稅。

3 隱情：隱瞞人口的實數。

4 安籍而可：徵甚麼稅才可以。

5 厭宜：合宜。

6 囿：同「侑」，促進。

7 幼：幽微。

8 五更：古代有三老五更，都是國家奉養之人。五官：五種官職，實際指各種官員。

9 厲：死後沒有後人祭祀者。

10 秋斂落：秋天給墳墓封土，加固其藩籬。

11 原魚：高原之魚，比較昂貴。

12 鯢（粵：倪；普：ní）：俗稱娃娃魚。

13 正伯倍：當作「徵百倍」。

14 邦布：國家流通的錢。即古代徵收所得稅。布，古代錢也稱布。

15 祈祥：即鬼神祭禮之事。

譯文

桓公說：「我打算徵收房產稅。」管子回答說：「不行，這等於毀壞已經建成的房屋。」「那我就徵收人頭稅。」管子回答：「不行，這等於隱瞞人口的實情。」「那我就徵收六畜稅。」管子回答：「不行，這等於殺掉牲畜。」「那我徵收樹木稅。」管子回答：「不行，這等於砍伐樹木。」「那麼，我徵收甚麼稅才可以呢？」管子回答：「請君主向鬼神徵稅。」桓公勃然變色說：「百姓的房屋、牲畜、樹木尚且不能徵稅，哪能向鬼神徵稅？」管子回答：「行事適時乘勢，就能取得成功；做事運用權謀，就能有所幫助。王者順勢而行，聖人處事得宜，萬物無不合宜。」桓公問：「怎麼做？」管子回答：「過去堯的五更、五官都沒有飯吃，沒有人祭祀，君主就設立五人鬼魂的祭祀，讓百姓都來祭拜堯時的官吏。春天獻上蘭花，秋天供奉果實，用高原產的魚做獻祭的乾肉，用稀罕的娃娃魚做享神的佳餚。這樣一來，國家的魚稅價格就高出平常百倍，就用不着徵收房屋、糧食、錢幣等諸多稅項了。這就叫既祭祀了鬼神，又推行了禮義。這樣便能保證國家財政富足，哪還需要向百姓徵稅呢？」

名句索引

一至三畫

四畫

天之所助，雖小必大；天之所違，雖成必敗。 ○四二

五畫

必得之事，不足賴也；必諾之言，不足信也。 ○三五

失天之度，雖滿必涸；上下不和，雖安必危。 ○三九

六畫

好惡形於心，百姓化於下，罰未行而民畏恐，賞未加而民勸勉，誠信之所期也。 ○八七

行其田野，視其耕芸，計其農事，而飢飽之國可以知也。 二一三

七畫

君之所審者三：一曰德不當其位，二曰功不當其祿，三曰能不當其官。 ○六八

良田不在戰士，三年而兵弱；賞罰不信，五年而破；上賣官爵，十年而亡；倍人倫而禽獸行，十年而滅。 二二九

求多者，其得寡；禁多者，其止寡；令多者，其行寡。 二六九

言是而不能立，言非而不能廢，有功而不能賞，有罪而不能誅，若是而能治民者，未之有也。 一一五

十一畫

國有四維。一維絕則傾，二維絕則危，三維絕則覆，四維絕則滅。傾可正也，危可安也，覆可起也，滅不可復錯也。何謂四維？一曰禮，二曰義，三曰廉，四曰恥。 〇二一

常逾其樂，立優美，而外淫於馳騁田臘，內縱於美色淫聲，下乃解怠惰失，百吏皆失其端。則煩亂以亡其國家矣。 二〇一

欲為天下者，必重用其國；欲為其國者，必重用其民；欲為其民者，必重盡其民力。 〇四九

十二畫及以上

喜無以賞，怒無以殺。喜以賞，怒以殺，怨乃起，令乃廢。 一三八

歲有春秋冬夏，月有上下中旬，日有朝暮，夜有昏晨，半星辰序，各有其司，故曰天不一時。 二〇三

疑今者，察之古。不知來者，視之往。 〇三九

數戰則士疲，數勝則君驕，驕君使疲民，則國危。 一七四